Irina Scherbakowa / Karl Schlögel

Der Russland-Reflex

Irina Scherbakowa / Karl Schlögel

Der Russland-Reflex

Einsichten in eine Beziehungskrise

edition Körber-STIFTUNG

Bibliografische Information der Deutschen Nationalbibliothek

Die Deutsche Nationalbibliothek verzeichnet diese Publikation in der Deutschen Nationalbibliografie; detaillierte bibliografische Daten sind im Internet über http://dnb.d-nb.de abrufbar.

Umschlag: Groothuis. groothuis.de
Redaktion: Wachholtz Media, Olaf Irlenkäuser, Kiel/Hamburg | Gabriele Woidelko, Körber-Stiftung
Covermotive: Fotolia.com; yurkaimmortal (Moskau), JiSign (Berlin)
Herstellung: Das Herstellungsbüro, Hamburg | buch-herstellungsbuero.de
Druck und Bindung: CPI – Clausen & Bosse, Leck
Printed in Germany

ISBN 978-3-89684-169-8

www.edition-koerber-stiftung.de

Inhalt

Ein Gespräch in Zeiten der Sprachlosigkeit

Mit der Annexion der Krim und dem Krieg in der Ukraine ist in den Beziehungen zwischen Deutschland und Russland eine Zeitenwende eingetreten. Das deutsch-russische Verhältnis, dessen Anfänge mehr als tausend Jahre zurückreichen und das spätestens seit der Zeit der Perestroika in der zweiten Hälfte der 1980er-Jahre durch verstärkte gegenseitige Annäherung, Öffnung, wachsendes Vertrauen, Austausch und Dialog auf vielen Ebenen geprägt war, ist an einem Tiefpunkt angelangt. Misstrauen, wiederentdeckte Vorurteile und Metaphern aus der Zeit des Kalten Krieges sind auf beiden Seiten plötzlich wieder präsent. Ein konstruktiver, von gegenseitigem Respekt geprägter Dialog scheint unter diesen Umständen kaum mehr möglich.

Was bedeutet diese Sprachlosigkeit zweier Länder, deren Beziehungen seit jeher zwischen Faszination und Nähe einerseits und Angst, Gewalt und Fremdheit andererseits changierten? Und ist es überhaupt richtig, von Sprachlosigkeit zu sprechen? Geht es nicht vielmehr darum, dass diejenigen, die sich auf beiden Seiten derzeit zu Wort melden – in der Politik, aber auch in den Medien –, überkommene Deutungsmuster benutzen, die mit den aktuellen politischen Entwicklungen nicht Schritt halten? Oder haben wir es eher mit veritabler Ratlosigkeit zu tun, angesichts eines Verhaltens Russlands gegenüber der Ukraine, das viele erst überraschte, dann schockierte und am Ende fassungslos zurückließ? Über die Annexion der Krim, den Krieg in der Ukraine und die anhaltenden Spannungen zwischen Russland und dem Westen wird seit dem Frühjahr 2014 öffentlich und privat gesprochen, gerungen und gestritten. Die Diskussionen und Auseinandersetzungen sind eine besondere Herausforderung für diejenigen, die ihr Berufs- und oft auch ihr Privatleben als Brückenbauer zwischen Ost und West dem Dialog zwischen Russland und Deutschland gewidmet haben.

Im Banne der Faszination des »Anderen« haben sich der führende deutsche Osteuropa-Historiker Karl Schlögel und die russische Historikerin und Bürgerrechtlerin Irina Scherbakowa jahrzehntelang dafür eingesetzt, Geschichte, Kultur, Sprache und Alltagsleben beider Länder zu verstehen und ihre Erkenntnisse für die Öffentlichkeit in ihren Heimatländern zu »übersetzen«. Geprägt von den Schrecken des Zweiten Weltkrieges und seinen Auswirkungen auf ihre eigene Familie und Lebenswelt haben sich beide früh, schon während des Kalten Krieges, und abseits des Mainstreams in ihren Heimatländern für Aufklärung und eine Art des Dialogs eingesetzt, der reale und gedankliche Grenzen überschreitet. Ihre Recherchen, wissenschaftlichen Erkundungen und publizistischen Arbeiten haben beide im Laufe ihres Lebens immer tiefer in die historischen und politischen Dimensionen des deutsch-russischen Verhältnisses geführt.

Um zu verstehen und aufzuklären, sammeln und erforschen sie Dokumente der Vergangenheit, lassen Zeitzeugen zu Wort kommen, bringen als aufmerksame Beobachter von Städten, Landschaften und Menschen verdrängte Erinnerungen und überwucherte Geschichte(n) ans Licht.

Heute sind sie selbst Zeugen einer erneuten Instrumentalisierung von Geschichte in Russland. Sie erleben den Wiederaufbau von Mauern in den Köpfen und, mit Blick auf das deutsch-russische Verhältnis, eine zunehmende Spaltung der Gesellschaft in ihren Heimatländern. Im letzten Drittel ihrer beruflichen Laufbahn stehen zwei der maßgeblichen Brückenbauer zwischen Deutschland und Russland nun vor einem Scherbenhaufen.

»Der Russland-Reflex« skizziert Erkenntnisse und Thesen zu Geschichte, Gegenwart und Zukunft der deutsch-russischen Beziehungen, die Irina Scherbakowa und Karl Schlögel in einem langen Gespräch auf Einladung der Körber-Stiftung im Frühjahr 2015 in Berlin miteinander diskutiert haben. Die Autoren kennen und schätzen sich seit vielen Jahrzehnten. Irina Scherbakowa arbeitete lange Zeit als Literaturwissenschaftlerin und als Übersetzerin deutscher Literatur, bevor sie bei der russischen Menschenrechtsorganisation MEMORIAL die Koordination des jährlich ausgerichteten Geschichtswettbewerbs für Jugendliche übernahm. Ihre Forschungsgebiete und Publikationen umfassen Totalitarismus und Stalinismus, die Geschichte des Gulag sowie Fragen des kulturellen Gedächtnisses und der Erinnerungspolitik in Russland. Karl Schlögel ist einer der führenden Osteuropa-Historiker und hatte von 1990 bis 2013 eine Professur für Osteuropäische Geschichte, zunächst an der Universität Konstanz, seit 1994 an der Europa-Universität Viadrina in Frankfurt (Oder). Sein umfangreiches publizistisches Werk, für das er mehrfach ausgezeichnet wurde, ist den Wechselwirkungen zwischen Geschichte und Raum gewidmet.

»Der Russland-Reflex« skizziert den kenntnisreichen und leidenschaftlichen Gedankenaustausch zweier Experten und Freunde über die Beziehung zweier Länder, die in einer tiefen Krise steckt und deren Ausgang völlig ungewiss scheint. Das Buch ist in vielerlei Hinsicht sehr persönlich: Beide Autoren geben Einblicke in ihre biografischen Prägungen, in die Auseinandersetzung mit den Kriegserfahrungen der Generation ihrer Eltern und in ihre lebensprägende Beschäftigung mit Sprache, Geschichte, Kultur und Politik Deutschlands und der Sowjetunion bzw. Russlands. Die Analyse ihres eigenen Beitrags zur deutsch-russischen Verständigung fällt zuweilen schonungslos selbstkritisch aus: Beide, hoch renommiert und vielfach ausgezeichnet, scheuen sich nicht, auch eigene Irrtümer und Fehleinschätzungen zuzugeben.

Aber auch die aktuelle gesellschaftliche und politische Situation in ihren Heimatländern stellen Irina Scherbakowa und Karl Schlögel auf den Prüfstand: Sie bekennen sich zur Pflicht zum Selberdenken und zum Geist der Aufklärung, der nichts verschweigt, sondern die Dinge beim Namen nennt – in Russland wie auch in Deutschland. Das gilt sowohl im Hinblick auf das historische Erbe des 20. Jahrhunderts mit zwei Weltkriegen, Terror und Totalitarismus als auch für die Herausforderungen des 21. Jahrhunderts. Zu diesen gehört auch die wachsende Spaltung der deutschen Gesellschaft: Diejenigen, die offen Kritik an der Politik von Präsident Putin üben, und diejenigen, die um mehr Verständnis für den Wunsch Russlands nach größerer Akzeptanz und einem Dialog auf Augenhöhe werben, scheinen sich immer unversöhnlicher gegenüberzustehen. Dazu gehören aber auch die Auseinandersetzung mit dem offensichtlichen Scheitern der demokratischen, aufklärerischen Kräfte in Russland und eine Antwort auf die Frage, ob und wann dieses Scheitern hätte verhindert werden können, ja verhindert werden müssen.

Die Erkenntnis, dass es Zeit ist, sich auf eine neue Realität einzustellen, zu sagen, was gerade passiert, sich selbst ein Bild zu machen und althergebrachte Erklärungsmuster – wenn nötig – über Bord zu werfen und das deutsch-russische Verhältnis »neu zu denken«, steht im Zentrum des Gesprächs. Irina Scherbakowa baut dabei auf die Kraft einer sich gegen den Mainstream richtenden Kultur des intellektuellen Widerstandes und Karl Schlögel fordert das »Recht des freien Wortes«, die Herstellung und Aufrechterhaltung »freier, ungehinderter Kommunikation« in beiden Ländern. Ausgehend von ihren persönlichen und beruflichen Erfahrungen zwischen Kaltem Krieg, Glasnost, »Gorbimanie« und der Putin-Ära zeigen die beiden Brückenbauer – trotz aller Rückschläge und Enttäuschungen im Zeichen der aktuellen Verwerfungen und Konfrontationen – damit eine konkrete Perspektive für die zukunftsweisende Ausgestaltung der deutsch-russischen Beziehungen auf.

Gabriele Woidelko, Körber-Stiftung
im August 2015

BIOGRAFISCHE PRÄGUNGEN

Ein besonderes Verhältnis

Die Anfänge deutsch-russischer oder russisch-deutscher Beziehungen reichen weit in die Geschichte beider Völker zurück und sind über tausend Jahre alt. Die Beziehungen waren stets eng, aber bei Weitem nicht immer innig. Inwieweit ist das deutsch-russische Verhältnis für Sie ein besonderes?

KARL SCHLÖGEL: Für mich ist das deutsch-russische ein besonderes Verhältnis, jedoch nicht so sehr wegen einer tausendjährigen Beziehung, wobei man fragen müsste, ob es sich hier tatsächlich um deutsch-russische Beziehungen handelt, wenn Sie damit das Großfürstentum und die Kiewer Rus meinen, sondern für mich ist es deswegen ein besonderes, weil es den Lebenshorizont meiner Generation, die nach dem Krieg geboren und aufgewachsen ist, sehr stark bestimmt hat. Ich bin mit Russland nicht so sehr verbunden, weil früher einmal dynastische Verbindungen zwischen Württemberg oder Hessen-Darmstadt und dem Hause Romanow bestanden haben, sondern eben weil man als Nachgeborener im Schatten dieses Krieges aufgewachsen ist.

Beziehungen zwischen der germanischen Welt und der der Ostslawen bestehen seit über tausend Jahren. Sie reichen von ersten diplomatischen Kontakten zwischen den Frankenkönigen und der Kiewer Rus im 10. Jahrhundert, der Ehe zwischen Heinrich IV. und der Kiewer Großfürsten-Tochter Eupraxia 1089 über die Handelsbeziehungen der Hanse in Nowgorod, die Ordenskriege, den »deutschen Zaren« Peter III., einen Holsteiner Prinzen, den deutschen Einwanderern unter Katharina der Großen bis zu den beiden Weltkriegen, nicht zu vergessen den Vertrag von Rapallo und den Hitler-Stalin-Pakt und danach den »Kalten Krieg« bis zur Deutschen Einheit in den 1990er-Jahren.

Immer waren die deutsch-russischen Verhältnisse, sofern man diese moderne Bezeichnung auch für die jeweiligen Vorläuferstaaten oder die Sowjetunion verwenden mag, starken Höhen und Tiefen unterworfen.

Kriege sind ja die denkbar heftigste, intensivste, ja intimste Form des Erlebens von Begegnung überhaupt. Allerdings betrifft das möglicherweise die Generationen nach mir schon nicht mehr, auch wenn die Generation, die nach dem Krieg geboren ist, noch immer im Schatten dieses Großereignisses aufgewachsen ist. Es hängt also nicht so sehr an den dynastischen Beziehungen oder an einem abstrakten Wissen um die historischen Wechselbeziehungen beider Länder, meine Beschäftigung mit und meine Leidenschaft für Russland haben sich dadurch ergeben, dass man wusste, dass da etwas Ungeheuerliches passiert war. Man kann natürlich weiter fragen, warum sich das nur auf Russland beziehen soll. Warum man zuerst an Russland denkt, und nicht an Polen, das die Deutschen am 1. September 1939 angegriffen haben – nach ihrem Pakt mit Stalin über die Aufteilung Polens.

IRINA SCHERBAKOWA: Auch bei mir begann alles mit dem Zweiten Weltkrieg. Ich bin in einer Nachkriegsatmosphäre aufgewachsen, in der die Jungen bei uns auf dem Hof immer »Russen gegen Deutsche« spielten. Dieses Spiel gab es sehr lange, auf jeden Fall die ganzen 1960er-Jahre hindurch. Erst die Freunde meiner Tochter, die in den 1970er-Jahren geboren wurden, spielten das nicht mehr.

Auch im Fernsehen liefen damals häufig Kriegsfilme. In meiner Kindheit waren die Deutschen aber vor allem aufgrund der Kriegserfahrung meines Vaters ein Thema. Mein Vater war Kriegsinvalide, und der Krieg und die damit verbundenen Schrecken waren uns, wenn auch unbewusst, ständig präsent. Für uns Kinder war es vollkommen klar, dass »die Deutschen« ihm das angetan hatten. Bei uns spielten historische Orte der Eltern immer eine Rolle, wie z.B. Leningrad im Krieg oder Stalingrad, wo mein Vater gekämpft hatte, oder der Ural, wohin meine Großmutter und meine Mutter aus Moskau evakuiert worden waren. Wir

Kinder kannten diese Orte nicht persönlich, aber in den Familienerzählungen waren uns diese immer gegenwärtig. In unserem Fall war das der Ort Saur-Mogila in der Nähe von Donezk, in dem mein Vater im Sommer 1943 schwer verwundet worden war. Ihm sind beinahe die Hände abgeschossen worden. Er war damals 19 Jahre alt und schon Leutnant und Kompaniechef, und obwohl er natürlich nicht dauernd über den Krieg erzählt hat, war dieser in unserer Familie täglich präsent. Ich bin damit groß geworden, dass jede schwere Arbeit, die ein Mann normalerweise im Hause irgendwie schafft, für meinen Vater nicht möglich war, und ich wusste, warum. Meine Kindheit war sehr von den Nachwirkungen des Krieges geprägt.

KARL SCHLÖGEL: Ich habe von meiner Familie her mit Russland überhaupt nichts zu tun. Ich komme aus einem schwäbischen, aus einem Allgäuer Dorf, fernab von großen historischen Ereignissen. Mit der Weltgeschichte kamen wir – von den Bauernkriegen abgesehen – erst durch den Deutsch-Französischen Krieg, den Ersten Weltkrieg und schließlich den Zweiten Weltkrieg in Berührung. Das kann man heute noch an den Kriegerdenkmälern auf den Friedhöfen ablesen. Meine erste Erfahrung mit dem Osten machte ich auch gar nicht mit Russland. Dass es überhaupt ein Osteuropa gibt, ein östliches Europa, das wurde mir zuerst durch die Flüchtlinge deutlich, die es »aus dem Osten«, dem Sudetenland, aus Schlesien und aus Ostpreußen, in unser Dorf verschlagen hatte. Diese Menschen fand ich wahnsinnig interessant, das waren Leute aus der Stadt im Unterschied zu uns Bauern. Da kam etwas ganz Neues in die Dörfer, was die alten Verhältnisse geradezu sprengte. Meine erste Reise ging dann auch schon sehr früh nach Osten, in die Tschechoslowakei.

Russland war präsent über das Reden vom Russlandfeldzug. Mein Vater war im Krieg gewesen, ist aber völlig unversehrt sogar aus Stalingrad herausgekommen, obwohl er vom 1. September 1939 bis April 1945 meistens an der Ostfront eingesetzt war. Er selbst hatte einfach wahnsinniges Glück, aber auch in unserem Dorf sahen wir sehr viele Prothesenträger. Dieses Bild war mir sehr vertraut, unser Postbote hatte zum Beispiel einen Arm aus Leder. Und es gab Veteranentreffen, zu denen sich die Kriegskameraden alle paar Jahre einfanden, um sich über ihre Erlebnisse auszutauschen. Das verband ich mit Krieg. Diese Veteranen haben, wenn ich mich recht erinnere, meist gar nicht groß über Schlachten und Derartiges gesprochen. Für sie war der Krieg das zentrale Ereignis ihres Lebens, über das sie sich immer wieder mit ihresgleichen austauschen mussten. Das ließ sie nicht los. Etwas, was für uns Jüngere sehr schwer zu verstehen war: Der Krieg war ihre Jugend gewesen, das können wir uns heute gar nicht mehr vorstellen. Und diese Jugend war geprägt von Leben und Tod, von Kämpfen, Morden und Bränden und vom simplen Davonkommen. Diese indirekte Anwesenheit von Krieg und auch von Kriegsgefangenschaft spielte eine sehr wichtige Rolle für mein Interesse am östlichen Europa. Später hatte ich zum Beispiel an meinem Gymnasium, einer Benediktinerschule, zwei Lehrer, für Mathematik und für Latein, die in russischer Kriegsgefangenschaft gewesen waren. Dort hatten sie leidlich Russisch gelernt und halfen uns, in der Abiturklasse eine Reise in die Sowjetunion zu organisieren, was in den 1960er-Jahren, noch dazu in Bayern, nicht gerade selbstverständlich war.

IRINA SCHERBAKOWA: Die Erinnerung an den Krieg war auch an vielen anderen Stellen in unserem Alltag präsent. Ich wusste, wer von den Freunden meines Vaters ebenfalls an der Front gewesen war und wer nicht, wer in Kriegsgefangenschaft gewesen war, obwohl sehr wenig über direkte Kriegserlebnisse gesprochen worden ist. Übrigens wusste ich ebenfalls, wer im Gulag gewesen war.

Mein Vater wollte eigentlich Marineoffizier werden. Er war am Tag des Kriegsbeginns in Leningrad in der Marinekadettenschule immatrikuliert, aber der Krieg hat seine Pläne durchkreuzt. Später wurde er Literaturwissenschaftler und sein Spezialgebiet war die Kriegsliteratur. Seine Freunde waren bekannte Dichter und Schriftsteller, die über den Krieg geschrieben haben. Diese sahen – wie auch mein Vater – ihre Hauptaufgabe darin, das wahre und nicht das glorreiche Bild dieses Krieges wiederzugeben. Mein Vater hasste Pathos und das verklärte Bild des Krieges, er hatte die Leningrader Blockade erlebt, er lag in den Schützengräben von Stalingrad, er wurde mehrere Male verwundet, hat aber seine Orden nie getragen. Er hat oft gesagt, dass so viele Menschen gefallen sind, ohne irgendwelche Orden zu bekommen.

1957 reiste er zum ersten Mal nach Deutschland, nach Ostdeutschland natürlich. Nach seiner Rückkehr erzählte er von dem komischen Gefühl, das er hatte, als er dort so viele Kriegsinvaliden sah, so viele gute Prothesen, die es bei uns nicht gab. Ich glaube, mein Vater hegte keinen Hass gegenüber den Deutschen, aber dieser Krieg hat ihn für immer geprägt. Natürlich gab es nach dem Krieg Hassgefühle gegenüber Deutschen in Russland, aber ich habe das niemals persönlich und konkret erlebt, und erstaunlicherweise sind diese sehr schnell verschwunden. Man muss aber betonen, dass ich nicht in Westrussland lebte, wo schreckliche Massaker an der Zivilbevölkerung stattgefunden hatten, die den Menschen dort sehr wohl in der Erinnerung geblieben waren.

Später hat mein Vater deutsche Literaten, die wie er Soldat gewesen waren, gefragt, was sie damals gefühlt, was sie erlebt haben. Er wollte wirklich verstehen, wie es auf der anderen Seite war. Bei einigen Gesprächen war ich dabei und habe gedolmetscht. Zu den bekanntesten zählten z.B. die Schriftsteller Franz Fühmann aus der DDR oder Heinrich Böll aus Westdeutschland. Böll war für damalige Leser in Russland einer der bekanntesten ausländischen Autoren – gerade wegen seiner Beschreibung Nachkriegsdeutschlands als ein ehemaliger Soldat. Und damals lasen viele Menschen in Russland Bücher über den Krieg. Die Literatur und vielleicht auch der Film waren die einzige Möglichkeit der Reflexion.

Heinrich Böll war einer der meistgelesenen westlichen Autoren in der Sowjetunion. Zwischen 1952 und 1979 wurden rund 90 Schriften des Literaturnobelpreisträgers ins Russische übersetzt und in einer Gesamtauflage von rund 2,5 Millionen Büchern verkauft. Böll war auch als einziger westdeutscher Autor in den sowjetischen Schulbüchern vertreten.

Franz Fühmann lebte als Essayist, Lyriker und Kinderbuchautor in der DDR. Als Anhänger des Sozialismus verhielt er sich zunehmend kritisch gegenüber der Entwicklung der DDR, von der er in seinen späten Jahren bitter enttäuscht war.

Durch die Kriegserfahrung, die diese Schriftsteller miteinander teilten, und weil sie beide Länder kannten, sprachen sie eine gemeinsame Sprache. Ich habe bereits als Kind eine Ahnung davon bekommen, dass Erinnerung sehr kompliziert sein kann. Ich entstamme ja einer jüdischen Familie, und ich glaube, dass für viele Juden die Erinnerung eine wichtige Rolle spielt. Sie mussten so oft in ihrer Geschichte fliehen, meist einfach nur ihr Leben retten, sodass man nur die Erinnerung mitnehmen konnte. Aber was heißt es für eine russische Jüdin wie mich, jüdisch zu sein? Schon meine Urgroßmutter hatte sich völlig von der hebräischen Sprache, dem Jiddischen, und der jüdischen Religion gelöst, und mein kommunistischer Großvater erst recht. In den Jahren des »Großen Terrors« wäre er beinahe umgekommen, nicht weil er Jude, sondern weil er ein Komintern-Funktionär war. Denn fast alle seine Freunde wurden Opfer der Säuberungen. Das Jüdischsein spielte nur im Krieg eine Rolle – wegen des Holocaust und des auch in der Sowjetunion erwachten Antisemitismus. Aber man sprach nicht gern darüber. Ich habe erst viel später erfahren, dass meine Urgroßmutter in Dnepropetrowsk mit allen anderen dortigen Juden im Herbst 1941 von den Deutschen ermordet worden ist. Sonst erzählte man über sie nur lustige Geschichten.

Der Antisemitismus begann in der Sowjetunion Ende der 1940er-Jahre. Damals gab es eine Welle des Kampfes gegen den sogenannten »Kosmopolitismus«, was ein anderes Wort für »Weltjudentum« und abwertend konnotiert war. Gleichzeitig sollte es die Sowjetbürger innerlich gegen einen angeblich äußeren Feind zusammenschweißen. Kurz vor Stalins Tod hatten alle in meiner Familie ihre Arbeit verloren, mein Großvater erwartete jeden Tag, dass er verhaftet würde. Dieser Antisemitismus hat mich bis zur Perestroika begleitet, wenn auch nicht in einer solch starken Form wie früher. Aber ich wusste, dass ich doppelt so gut lernen musste, um zur Universität zugelassen zu werden – um zu den wenigen Juden zu gehören, die aufgenommen wurden.

Begegnungen

IRINA SCHERBAKOWA: In den 1960er-Jahren war ich mit meinen Eltern einige Male in Ost-Berlin, zum ersten Mal 1961. Dort konnte man die Spuren des Krieges noch sehr gut sehen. Interessanterweise sah ich die ersten vom Krieg zerstörten Städte erst in Deutschland. Das kannte ich aus Russland nicht. Leningrad war für mich das Symbol einer vom Krieg betroffenen Stadt, aber sie war nicht so zerstört und ausgebombt wie Berlin. Immer wenn ich heute in Berlin die Friedrichstraße entlanggehe, erinnere ich mich daran. Ich war damals auch in Dresden. In der Innenstadt stand nur noch der Zwinger. Darum herum herrschte, so meine Erinnerung, nur eine einzige große Leere. Dresden kannte ich aus einem alten Buch mit vielen Bildern, das wir zu Hause hatten. Was ich nun in der Wirklichkeit sah, machte auf mich einen unglaublichen Eindruck. Dresden wurde für mich so zu einem Symbol der zerstörten Stadt an sich.

Während man den Städten die Wunden noch ansah, galt das für die Menschen, denen ich begegnete, nicht. Ich war damals noch zu klein, um zu verstehen, dass die Kriegstraumata dort viel stärker waren und dass man mit den Kindern noch viel weniger darüber sprach als bei uns.

Und bei meinen Altersgenossen sollten die propagierte deutsch-sowjetische Freundschaft und der hochgehaltene Antifaschismus den Eindruck erwecken, dass die DDR schon immer an der sowjetischen Seite gestanden hatte.

An eine Episode erinnere ich mich besonders, weil sie mich sehr erstaunte: Wir hatten Besuch aus der DDR, Vater und Tochter. Der Vater war im Krieg Flieger gewesen und abgeschossen worden, später kam er in Kriegsgefangenschaft. Sehr schnell hatten mein Vater und er ein gemeinsames Thema. Und plötzlich wurde mir bewusst, dass die Tochter, die wie ich elf Jahre alt war, überhaupt nicht verstand, worum es eigentlich ging. Es stellte sich heraus, dass sie immer geglaubt hatte, dass ihr Vater auf der sowjetischen Seite gekämpft hatte.

Dank meiner Familiengeschichte kannte ich viele Deutsche, sowohl deutsche politische Emigranten, die nach Deutschland zurückgingen, als auch, dank meiner Übersetzungsarbeit, einige Literaten. Natürlich viel mehr aus der DDR. Es gab darunter ganz verschiedene Menschen, manche waren auch unangenehm, dogmatisch, verlogen, andere wiederum sehr sympathisch. Ich muss sagen, dass mich die Deutschen und Deutschland viel mehr interessiert haben als Engländer oder Franzosen.

Und ich werde nie vergessen, wie Franz Fühmann darauf reagierte, als ich mit ihm in Leningrad auf den damals neu eröffneten Piskarewskoje-Friedhof fuhr, wo über eine Million Hungeropfer begraben worden waren. Der Besuch war für ihn physisch so unerträglich, dass er zusammenbrach. Daran erkannte ich, wie aufrichtig solche Gefühle bei einem Deutschen sein konnten.

KARL SCHLÖGEL: Ich war 1966 zum ersten Mal in der Sowjetunion, auf einer langen Reise unserer Abiturklasse über Lemberg und Kiew bis nach Moskau. Überall habe ich Invaliden gesehen, die auf Wägelchen saßen, Männer ohne Beine, mit bandagierten Händen, die sich immer am Boden abstießen, um sich fortzubewegen. Auch auf den Campingplätzen traf man Veteranen, die einen immer getestet haben, ob man auch trinkfest war. Überall begegnete man uns freundlich. Die Großzügigkeit, mit der sie uns, die Nachkommen des ehemaligen Feindes, aufgenommen haben, hat mich überrascht.

Aber ich will noch einmal kurz zu meiner Jugend zurückkehren. Es kam mehreres zusammen bei diesem Interesse für das östliche Europa und Russland. Das Erlebnis mit den Flüchtlingen und Heimatvertriebenen war das eine, am Gymnasium gab es für mich aber außerdem die Möglichkeit, Russisch zu lernen, und zwar bei einer sogenannten »DP«, also einer »Displaced Person«, einem Mann, der aus Białystok stammte und der in der amerikanischen Zone, in Bayern, hängen geblieben war und eine sehr interessante Lebensgeschichte hatte – er hatte unter anderem für die Mannschaft Polens 1936 an den Olympischen Spielen in Berlin teilgenommen. Überwältigend war auch der Eindruck, den Jewgeni Jewtuschenkos Auftritt in München, ich glaube

1963, hinterlassen hatte und sein Gedicht »Babij Jar«, das damals in der ZEIT erschienen war.

Der russische Dichter *Jewgeni Jewtuschenko* (*1932) tourte 1962/1963 durch Deutschland und rezitierte seine Gedichte vor Tausenden von Menschen. Eine breite Presseberichterstattung begleitete die Tournee. Im Zug des politischen »Tauwetters« in der Sowjetunion entstand 1961 das Gedicht »Babij Jar«, das an das Massaker an Kiewer Juden durch Deutsche erinnerte. Gleichzeitig gilt es als eine Anklage an die Sowjetunion, in der es keine offizielle Erinnerung daran gab.

So kam eins zum anderen: die Möglichkeit, Russisch zu lernen, dann das Jewtuschenko-Erlebnis, dann die russische Literatur, in unserem Fall war das »Doktor Schiwago« von Boris Pasternak, der ganze Skandal um diesen Roman, alles eingebettet in die freundliche Umgebung an meinem Gymnasium.

1957 erschien der Roman *Doktor Schiwago* von Boris Pasternak – der zunächst in Russland nicht veröffentlicht werden durfte und daher zuerst in Italien erschien. Pasternak erhielt für dieses Werk 1958 den Literaturnobelpreis, dessen Annahme die Regierung der UdSSR verhinderte. Die Ereignisse um dieses Buch sorgten weltweit für Aufsehen.

Diese wiederum hatte gar nicht unbedingt direkt etwas mit Russland zu tun, sondern mit dem Zweiten Vatikanischen Konzil, mit der Verbindung unseres Abtes zu den Patriarchen von Konstantinopel und Moskau, und einem Byzantinischen Institut, das schon Jahrzehnte lang damit beschäftigt war, die Werke eines der Kirchenväter aus dem 7. Jahrhundert – des Johannes Damascenus – zu edieren. Die ganze Umgebung war also – seit der Ökumene – sehr aufgeschlossen, als unsere Klasse 1966 von dieser bayerischen Klosterschule aus eine Reise in die Sowjetunion organisierte, sechs Wochen mit dem Bus, über die Ukraine bis ins damalige Sagorsk, heute wieder Sergijew Possad, eines der wichtigsten Klöster und Wallfahrtsorte – mein erstes großes Erlebnis in Russland.

Die frühen 1960er-Jahre waren die Zeit des »Tauwetters«, in der der Kalte Krieg zu Ende ging und sich auf beiden Seiten des Eisernen Vorhangs ein neues Interesse regte. Im Übrigen war München damals für Leute, die sich für Osteuropa interessierten, ein spannender Ort. München, nicht West-Berlin, war das Zentrum des osteuropäischen Exils – der nach 1956 geflohenen Ungarn, der Freien Ukrainischen Universität, später der Flüchtlinge des Prager Frühlings und der dritten Welle der russischen Emigration. Sie alle konnte man bei Radio Liberty/Radio Free Europe antreffen.

Radio Liberty/Radio Free Europe war 1950 vom Kongress der Vereinigten Staaten gegründet worden, um während des Kalten Krieges die Staaten Osteuropas mit Informationen aus dem und über den Westen zu versorgen. Finanziert wurde es lange aus dem Budget der CIA und war auch ein Instrument der Propaganda. Angesiedelt war Radio Liberty / Radio Free Europe bis 1995 in München.

Die Cafeteria dort war so etwas wie eine exterritoriale Gemeinschaftswohnung des Ostblocks en miniature. Alle Sprachen, alle Völkerschaften, Schriftsteller und Journalisten jedes Genres waren vertreten, eine großartige Bibliothek und ein einzigartiges Archiv. Aber das ist heute Geschichte.

Was man bei den Diskussionen über die Faszination Russlands meistens übersieht oder verschweigt, ist noch etwas anderes: Sich für Russland in der Zeit des Kalten Krieges zu interessieren, das hatte etwas von Gegen-den-Strom-Schwimmen, Russisch war etwas Besonderes, eben nicht Englisch oder Französisch, was die meisten anderen lernten. »Distinktionsgewinn« hat das der Soziologe Pierre Bourdieu genannt.

Fragen an die Geschichte

KARL SCHLÖGEL: Auch mein Vater, der den ganzen Krieg über an der Ostfront eingesetzt war, als Gefreiter – Chauffeur, wie er sagte –, fuhr Mitte der 1970er-Jahre aus eigener Initiative noch einmal nach Russland. Er, der vollbeschäftigte Landwirt, buchte eine Reise mit dem Flugzeug nach Kiew, mit dem Schiff nach Odessa, über den Wolga-Don-Kanal nach Wolgograd (also: Stalingrad) und schließlich zurück ins Allgäu. Auch ihn hat das Thema Russland nie losgelassen. Was es für ihn genau war, weiß ich nicht, weil das Gespräch mit ihm abgebrochen ist, und als ich dafür wieder bereit war, war es zu spät. Als Studentenbewegungs- und maoistischer Aktivist wusste ich ohnehin alles besser als er, und er war überzeugt, dass ich ihn bei einer künftigen Kollektivierung enteignen würde. Es wäre wichtig gewesen, zu erfahren, was sie, die »im Osten« waren, gesehen, was sie erlebt, was sie getan hatten.

Die Auseinandersetzung um Russland war auf eine bestimmte Art eine verfremdete Form des Generationenkonflikts, der Auseinandersetzung mit der Vergangenheit, mit der deutschen Vergangenheit, mit der Vergangenheit unserer Väter. Bei der Frage, was sie als Soldaten in Russland getan hatten, ging es im Prinzip ja darum, was sie dort eigentlich zu suchen hatten. Wir hatten zu Hause Fotos von gesprengten Brücken, von Rauchsäulen und von Friedhöfen, die alle in einer Blechkiste aufbewahrt waren. Darüber hätte man sprechen müssen: wo das war, was da passiert ist, was er gesehen hat. Aber in der Zeit der Abrechnung mit der Vätergeneration war das nicht so wichtig.

Die Auseinandersetzung setzte sich fort an der Universität, in den Seminaren. Als linker Aktivist war man daran interessiert, wie Geschichte »gemacht« wird, und man wollte wissen und verstehen, was aus der Arbeiterbewegung und dem Sozialismus geworden ist. Daher ging es zentral um die russische Revolution, den Stalinismus, die Frage, wie es zur »Entartung« des totalen Staates hatte kommen können. Die Auseinandersetzungen reichten bis in die Seminare, in die Geschichtswissenschaften, wo der Streit zwischen den verschiedenen Paradigmata ausgetragen wurde. Damals herrschte das große Paradigma der totalen Macht vor. Dass diese totale Macht nicht ausreicht, um den historischen Vorgang der russischen Revolution und des Stalinismus zu erklären, war uns allen irgendwie klar, und trotz vieler großer Arbeiten – Robert Conquest, Hannah Arendt, Roy Medwedjew und nicht zu vergessen: Wolfgang Leonhardts Autobiografie »Die Revolution entlässt ihre Kinder« – blieben viele Fragen ungelöst. Ich würde sogar behaupten, dass für meine Generation die geschichtswissenschaftliche Erklärung dessen, was da eigentlich vor sich gegangen ist, noch immer ein nicht eingelöstes Erbe ist. Wir sind damit noch nicht fertig.

1968, während des Prager Frühlings, erschien »Der große Terror« des britischen Historikers *Robert Conquest* und behandelte die Säuberungen unter Stalin und den Gulag. Das Buch erschien fünf Jahre vor Alexander Solschenizyns »Archipel Gulag« und war eine Pionierarbeit zur Geschichte der Stalinära. Im angloamerikanischen, populären Wissenschaftsstil geschrieben, scheute sich Conquest nicht, prominente westliche Intellektuelle, die mit dem kommunistischen System sympathisierten, »Diener des Terrors« zu nennen. Das Buch, das zum bekanntesten Werk Conquests avancierte, war gleichermaßen sehr umstritten und sehr erfolgreich.

1986 erschien Conquests zweites Hauptwerk, »Ernte des Todes. Stalins Holocaust in der Ukraine 1929 – 1933«, das den Hungertod von Millionen Ukrainern zum Thema hatte.

Jeder von uns hat etwas zum Verständnis beigetragen. Aber mit dem Tumult einer so vertrackten und verfahrenen Geschichte wie der russischen im 20. Jahrhundert, die meines Erachtens unendlich viel komplizierter als die deutsche ist, fertigzuwerden, ist trotz der bedeutenden Fortschritte in der Forschung nach wie vor eine große Herausforderung.

Denn egal, was wir in den Blick nehmen – z. B. das nächste Jubiläum, den Jahrestag der Revolution 2017 –, wir werden uns fragen müssen, welche Geschichte dort erzählt werden wird. Wie kommen wir denn zu einer synthetischen, nicht affirmativ-apologetischen, nicht entlarvend-denunziatorischen, sondern zu einer wahrhaften Geschichte, die im hegelschen Sinne die extremen Gegensätze in sich aufhebt?

Überall hört man derzeit, dass die offizielle russische Geschichtspolitik an einem Narrativ arbeitet, in dem ein General der weißen Konterrevolution wie Anton Denikin und Wladimir Lenin, der Kopf des Bolschewismus, zusammengebracht werden können.

Zu behaupten, es gäbe bereits den abschließenden Text, stimmt ja nicht. Vielmehr gehen wir gerade, wo sich Putins Russland neu erfindet – und das heißt auch: seine Vergangenheit neu konstruiert – nur in eine weitere Runde, und das wird unerhört aufregend werden.

IRINA SCHERBAKOWA: Mein Interesse als Russin an der deutschen Sprache und Literatur ist in den 1960er-Jahren aufgefallen und kontrovers wahrgenommen worden. Von allen westeuropäischen Nationen waren die Deutschen den Russen immer am nächsten, aus den verschiedensten Gründen – was die Geschichte des 20. Jahrhunderts anbelangte, durchaus auch in einem dramatischen Sinn. Meine Geschichte mit Deutschland hat jedoch etwas früher angefangen und mit meinem Großvater mütterlicherseits zu tun, bei dem ich aufwuchs. In Russland war es ja viel üblicher, dass die Kinder von den Großeltern erzogen wurden, weil beide Eltern tagsüber arbeiteten. Mein Großvater war seit 1924 Mitarbeiter der Komintern in Moskau.

Komintern bedeutet »Kommunistische Internationale«. Es handelte sich um einen 1919 von Lenin begründeten Zusammenschluss der Kommunistischen Parteien der Welt mit dem Ziel, den Kommunismus in der Welt zu verbreiten.

Vor dem Ersten Weltkrieg hatte er in Brünn/Mähren Chemie studiert. Er sprach sehr gut Deutsch, stammte aus einer armen jüdischen Familie, und für sein Studium hatte die Gemeinde Geld gesammelt, weil er so begabt war. Aber als der Erste Weltkrieg ausbrach, musste er zurück. Er wurde Linksrevolutionär, nahm am Bürgerkrieg teil, trat dann in die Kommunistische Partei ein und war seitdem Parteifunktionär. Damals gingen viele junge Juden in die kommunistischen Kader. 1920 hat er in Gomel, im heutigen Weißrussland, die erste kommunistische Zeitung gegründet. Stalin hat 1924 junge Kräfte akquiriert, auch um den Apparat von alten Bolschewiki zu reinigen, und so kam mein Großvater zur Komintern und blieb dort bis zu deren Auflösung 1943 in unterschiedlichen Positionen. In der Komintern gab es viele Deutsche und viele, die Deutsch sprachen, denn Deutsche spielten dort eine wichtige Rolle. Die Geschichten aus dem Moskauer Hotel Lux, dem Gästehaus der Komintern, sind ja sehr bekannt. Meine Mutter ist dort geboren und die ganze Familie lebte dort fast 20 Jahre lang.

Das Moskauer *Hotel Lux* wurde 1921 Gästehaus der Komintern. In den 1930er-Jahren lebten hier zeitweise 600 Emigranten, viele von ihnen aus Deutschland, u. a. Johannes R. Becher, Klement Gottwald und Antonio Gramsci, Wolfgang Leonhard, Imre Nagy und Wilhelm Pieck, Theodor Plivier, Ernst Reuter und Ernst Thälmann, Josip Broz Tito und Walter Ulbricht sowie Herbert Wehner. Viele seiner Bewohner fielen dem Terror der 1930er-Jahre zum Opfer.

Diese Geschichten waren, auch wenn sie schon lange vergangen waren, in unserer Familie die ganze Zeit über sehr präsent. Ich habe bei mir zu Hause noch ein paar alte Möbel, auf denen Schilder der Komintern kleben. Diese Schilder waren eng mit der familiären Erinnerung an den Großen Terror verbunden, denn viele Freunde und Nachbarn sind zu dessen Opfer geworden. Und es war auch die Erinnerung an die großen Verirrungen meines Großvaters, der sehr an den Kommunismus und die Weltrevolution geglaubt hatte. Er starb 1956 nach dem 20. Parteitag an einem Herzinfarkt. Für uns steht außer Frage, dass er der Resignation, der Enttäuschung und auch den Schuldgefühlen gegenüber den ermordeten Freunden und Kollegen erlag.

Aus dieser Familiengeschichte, die so sehr mit der russischen Geschichte des 20. Jahrhunderts verwoben ist, wuchs wahrscheinlich auch mein Interesse an diesem Teil der Geschichte. Die deutsche Sprache, die in der Vorkriegsschule dominierte und auch schon im Gymnasium des zaristischen Russlands die wichtigste Fremdsprache gewesen war, wurde nach Stalins Tod in den 1950er-Jahren von der englischen abgelöst. Alle meine Freunde lernten Englisch oder Französisch. Andererseits wurde in den 1960er- und 1970er-Jahren häufig deutsche Literatur gelesen – z.B. wurden Thomas Manns Romane übersetzt und buchstäblich verschlungen und Theaterstücke von Bertolt Brecht aufgeführt. Trotzdem musste ich immer wieder die Frage beantworten, warum ich Germanistik, warum ich diese unschöne Sprache als Studienfach gewählt hatte. Denn besonders bei den jungen Menschen war Deutsch die Sprache des Feindes, vor allem die Sprache der Befehle, die wir alle aus den Filmen kannten.

Ich habe aber immer betont, dass mich vor allem die deutsche Literatur interessiert. Meine erste Jahresarbeit an der Universität war eine über E.T.A. Hoffmann. Die Romantiker faszinierten mich. Viele Jahre lang wurde ihre Literatur in Russland als reaktionär angesehen, was sich erst in den 1960er-Jahren änderte. Mich hat diese Literatur gerade deswegen interessiert, sowohl literarisch als auch kulturell, und auch, weil ich die Werke auf Deutsch lesen konnte. So zitierte ich, als Beweis für die Schönheit der deutschen Sprache, immer das wunderschöne Gedicht »An die deutsche Sprache« von Ossip Mandelstam. Mandelstam galt in oppositionellen Kreisen als eine große Autorität:

Die fremde Sprache wird mir einst zur Hülle,
Und lang bevor ich's wagte: das Geborensein,
Da war ich Letter, war ich Taubenzellen-Fülle,
Ich war das Buch, das euch im Schlaf erscheint.

Bei vielen entsprang die Ablehnung gegenüber den Deutschen einer Art Abwehrreflex. Wie war das damals in Westdeutschland? Gab es dort auch derartige Abwehrreflexe aufgrund der Erfahrungen im Krieg? Haben beispielsweise die Flüchtlinge aus dem Osten, die in das Dorf im Allgäu gekommen waren, auch von den Verbrechen der Roten Armee und ihren Erlebnissen auf der Flucht gesprochen?

KARL SCHLÖGEL: Nein, davon habe ich nicht gehört, vielleicht haben sie auch darüber mit anderen nicht gesprochen. Ich war eher davon fasziniert, wie mit den Flüchtlingen etwas Neues, Modernes ins Dorf kam. Ich fand es viel aufregender, dass die Frauen geraucht und sich ihre Nägel lackiert haben, dass sie anders gesprochen haben und emanzipiert waren. Die Berichte von den Vergewaltigungen, von Flucht und Vertreibung kamen alle erst später. Viel stärker war das Russlandbild präsent, das von den Heimkehrern geprägt wurde. Alle, die davongekommen sind, waren unendlich dankbar, dass sie die Kriegsgefangenschaft überlebt hatten. Am prägendsten war für mich, dass sie sich eigentlich immer an die unendliche Großzügigkeit der Russen erinnert haben. Das ist kein Kitsch, sondern war bei diesen

Leuten wirklich tief verwurzelt, das Bewusstsein, dass sie trotz der Ungeheuerlichkeit des Krieges irgendwie doch davongekommen sind.

Nicht wenige von ihnen haben sich dann ihr Leben lang für Russland interessiert, vielleicht war das auch ihre Art, die Traumatisierungen zu verarbeiten. Aber es war wirklich so, dass sich überdurchschnittlich viele deutsche Kriegsgefangene für dieses große Land und seine Menschen, seine Sprache, Geschichte und Kultur zu interessieren begannen. Gleichzeitig erschien bereits in den 1950er- und 1960er-Jahren eine Literatur, die ein Bild von Russland jenseits der ideologischen Fronten des Kalten Krieges zeichnete. Für mich war zum Beispiel das Buch »Der Sowjetmensch« von Klaus Mehnert sehr wichtig.

Ich glaube, dass Mehnert eine ganz bedeutende Figur für meine – in Westdeutschland aufgewachsene – Generation war. Er hatte lange in Moskau gelebt, er war Moskau-Deutscher – die Schokoladenfabrik *von Einem*, die sein Vater geleitet hatte, kann man dort noch heute sehen –, der Anfang der 1930er-Jahre ein Buch über die Sowjetjugend geschrieben und nach dem Krieg den Kontakt zur sowjetischen Welt wieder aufgenommen hatte, also der so eine Art generationenübergreifende Figur war und der mit großer Sympathie den Alltag der Sowjetmenschen schildern konnte. Viele seiner Bücher wurden in Westdeutschland Bestseller.

Die *Süßwarenfabrik von Einem* galt Ende des 19. Jahrhunderts als die für die damalige Zeit größte und modernste Süßwarenfabrik Russlands. Gegründet von zwei Deutschen, dem brandenburgischen Zuckerbäcker Theodor Ferdinand von Einem und seinem Geschäftspartner, dem Kaufmann Julius Heuss, wurde das Unternehmen Anfang des 20. Jahrhunderts von den fünf Söhnen des Julius Heuss weitergeführt. Die Süßwarenfabrik *von Einem* war lange Zeit Marktführerin und brachte es sogar bis zum Hoflieferanten der Romanow-Dynastie. Nach der Oktoberrevolution wurde die Firma verstaatlicht und im Jahr 1918 in »Staatliche Süßwarenfabrik Nr. 1, vormals Einem« umbenannt. 1922 erhielt das Unternehmen den Namen »Roter Oktober« und existiert unter diesem Namen noch heute.

Sich für dieses nicht zum Westen gehörende östliche Europa, für Russland zu interessieren, das hatte in der Welt des Kalten Krieges auch etwas Provozierendes. Es war Ausdruck eines »Nichteinverständnisses«, das man durch dieses Interesse ausdrücken konnte. Es machte deutlich, dass man etwas anderes wollte als die meisten anderen. Ich will nicht sagen, dass das Nonkonformismus oder Courage war, aber man machte doch die Erfahrung, dass es noch etwas anderes gab außer diesem westlichen Deutschland. Wenn man in den 1960er-Jahren im Osten war, in der damaligen Tschechoslowakei, in Prag oder Brünn, dann konnte man dort ein Europa sehen, das es im zerbombten und in Beton wieder aufgebauten Westdeutschland nicht mehr gab.

Aus der Ferne wirkte dieses Westdeutschland etwas provinziell. Ich bin sehr früh auch in Amerika gewesen, und für mich waren das Amerika- und das Russlanderlebnis in einer Hinsicht vergleichbar: Man kam raus aus diesen verwinkelten deutschen Verhältnissen – und hatte die Grenzenlosigkeit des amerikanischen Westens und des »russischen Raums« vor sich. Die meisten meiner Generation sind hauptsächlich in westliche Länder gegangen. Ich interessierte mich mehr für den Raum im Osten, für das, sagen wir, Imperium auf der anderen Seite.

IRINA SCHERBAKOWA: Den Zugang zur Geschichte fand ich über die Literatur. Mich interessierte vor allem die des Terrors und des Gulag, und die konnte man nur in verbotenen Samisdat-Büchern lesen – Büchern, die im »Selbstverlag« erschienen und daher ohne staatliche Zensur gedruckt wurden. Offiziell wurde sehr wenig zu diesem Thema veröffentlicht.

1962 wurde fast als erster und einziger Text von Alexander Solschenizyn »Ein Tag im Leben des Iwan Denissowitsch« veröffentlicht, und das war für meine Eltern ein riesiges Ereignis. Ich kann mich daran erinnern, dass ich die Erzählung sehr schnell gelesen habe. Sie hat mich nicht besonders beeindruckt, denn ich erwartete etwas sehr Dramatisches und Schreckliches. Es mussten viele Jahre vergehen, ich musste mich sehr in das Thema vertiefen, um zu begreifen, was die Menschen, vor allem ehemalige Gulag-Häftlinge, an der sehr schlichten Beschreibung des Lageralltags so sehr faszinierte.

Der *Gulag* (»Glavnoe Upravlenie Lagerej« = Hauptverwaltung der Lager) war ein vom sowjetischen Geheimdienst kontrolliertes System von Gefangenen- und Arbeitslagern, die, bereits 1917 begründet, ab 1930 generalstabsmäßig organisiert wurden. Hunderttausende kamen in ihnen ums Leben. Über den Gulag sind zahlreiche Bücher erschienen. Am bekanntesten sind in Deutschland v. a. Alexander Solschenizyns »Archipel Gulag« oder die Werke Warlam Schalamows.

Die Zeit des sogenannten »Tauwetters« in den späten 1950er- und frühen 1960er-Jahren, die einherging mit einer Entstalinisierung, war gesellschaftlich, politisch, literarisch und natürlich auch geschichtlich sehr spannend – und fiel in die Zeit meines Heranwachsens. Meine Eltern waren von der Entwicklung sehr mitgerissen. Bei meinem Vater hatte die Kritik an Stalin bereits während des Krieges eingesetzt, da er schon früh mit der grausamen Wahrheit konfrontiert worden war: die schrecklichen ersten Monate des Krieges, die sinnlosen Befehle und die hohen Verluste. Er hat darüber offen gesprochen. Ich würde das eine Art »spontane Entstalinisierung« nennen, geboren aus einer plötzlichen Konfrontation mit der Realität.

Der Krieg entließ ihn als Invaliden, und ab 1949 bezog er eine kleine Invalidenrente, die er aber gar nicht haben wollte. Die Kriegsinvaliden standen stark unter staatlicher Beobachtung, da sie dem Staat gegenüber häufig vorsichtig-kritisch eingestellt und aufgrund ihrer Kriegserfahrungen eher unzufrieden mit der aktuellen Politik waren – vor allem vermutete das die Staatssicherheit. Natürlich gab es auch handfeste Stalinisten unter den Veteranen, aber vielen hatte der Krieg doch die Augen geöffnet. Mein Vater hat oft gesagt, dass die Soldaten in seiner Kompanie für ihn ältere Männer gewesen waren, die meisten um die dreißig Jahre alt, Familienväter aus ländlichen Gegenden – wie zwei Drittel aller Rotarmisten –, er dagegen war erst 19 Jahre alt gewesen und war in einer Stadt groß geworden. Die Männer sprachen oft über die Kolchosen, die während der Zwangskollektivierung Anfang der 1930er-Jahre so viel Elend, Hunger und Unrecht in die Dörfer gebracht hatten. Der Wunsch dieser Bauern war es, dass Stalin nach diesem blutigen Krieg, in dem das Volk doch so große Opfer gebracht hatte, die Kolchosen wieder abschaffen sollte.

Naturgemäß hat mein Vater davon nicht viel gewusst. Er erzählte von einem deutschen Flugblatt, das sehr plump antisemitisch und propagandistisch formuliert war, aber darüber Auskunft gab, wie viele Menschen in Russland Opfer des Stalinterrors geworden waren und auch infolge der Kollektivierung an Hunger gestorben waren. Die Zahlen waren sehr übertrieben, aber zum ersten Mal wurde er – wenn auch aus der Hand des Feindes – auf etwas aufmerksam gemacht, was wenigstens zum Teil der Wahrheit entsprechen oder er sich zumindest als wahr vorstellen konnte. Für meinen Vater war das ein schmerzlicher und kontroverser Prozess und das Schmerzhafte übertrug sich durch seine Erzählungen später auch auf mich. Die Beschäftigung mit der Geschichte wurde dadurch aber plötzlich sehr konkret. Das prägt mich bis heute; bis heute arbeite ich eher an Lebensgeschichten, also an der konkreten Geschichte der Menschen. Wie diese Geschichte und der Zweite Weltkrieg die Menschen in Russland geprägt hatten, zeigte sich auch im Alltag der 1950er- und 1960er-Jahre. Als Kind habe ich mich sehr gewundert, wenn ich hörte, wie Männer, die sich nicht kannten, aber in Vorortzügen oder in Warteschlangen zufällig ins Gespräch kamen, einander als Erstes fragten: »Welcher Jahrgang bist du?« Das war keine reine Neugier. Vielmehr konnte man so sehr schnell herausfinden, ob das Gegenüber im Krieg gewesen war. Und ich begriff: Das war verbindend, weil diese Kriegserfahrung in ihrem großen Schrecken so einschneidend für alle war, dass man ganz anders miteinander sprach. Dieser Schrecken und die Härte dessen, was sie erlebt hatten, all die Grausamkeiten, Erschießungen von angeblichen Deserteuren, die Verurteilung Unschuldiger und vieles andere, existierte in ihrer Erinnerung als krasser Gegensatz zu dem offiziellen Mythos vom glorreichen Sieg und vom gefälschten, geglätteten Bild des »Großen Vaterländischen Krieges«.

Auch das Verdrängte und Verbotene, z. B. dass man gegenüber der deutschen Zivilbevölkerung so brutal hatte sein können, was Lew Kopelew später in seinen Erinnerungen erzählt hat. Nebenbei bemerkt: Irgendwann in den 1970er-Jahren habe ich von meinem Vater erfahren, dass Kopelew, den ich sehr gut kannte, Anfang 1945 verurteilt und in einem der Gulag-Lager inhaftiert worden war, weil er gegen diese Brutalität protestiert hatte.

Ich habe von alldem auch im Laufe der Jahre nur allmählich etwas mitbekommen. Viele Fakten wurden erst während und nach der Perestroika in den 1990er-Jahren bekannt, aber es scheint auch heute noch so, dass der Mythos vom glorreichen Sieg bei vielen Menschen die Erinnerung dominiert. Und die, die den wahren Krieg erlebt haben, wie mein Vater, die sind alle schon nicht mehr da.

Die Faszination des Anderen

Das Denken ändert die Richtung

Die Beziehungen zwischen Russland und Deutschland waren immer auch geprägt von einer gewissen Faszination, die das jeweils andere Land mit seiner Sprache, Kultur, Geografie und Geschichte auf die Menschen ausübte. Was war für Sie beide der ausschlaggebende Grund, sich mit Russland bzw. mit Deutschland zu beschäftigen? War es das Gefühl von Nähe oder eher der Reiz des Exotischen? Welche Rolle spielten Geschichte und Ideologie für Sie bei Ihrer Auseinandersetzung mit dem jeweils »Anderen«?

KARL SCHLÖGEL: Bei mir spielte dabei die Studentenbewegung eine große Rolle. Einerseits gab es ein Interesse an einer intensiven historischen Auseinandersetzung, andererseits an einer kritischen Beschäftigung mit der »bürgerlichen Wissenschaft«. Ich habe damals am Osteuropa-Institut in Berlin studiert, das war ein intellektuell hochgerüstetes Flaggschiff in der Frontstadt West-Berlin. Dort gab es bedeutende Kapazitäten des Fachs, eine großartige Bibliothek, aber auch Leute, die schon vor 1945 in der »Ostforschung« tätig waren.

Das Interesse an einer neuen Lesart der russischen und sowjetischen Geschichte war riesengroß, gerade wenn man nichts mit dem bestehenden sowjetischen System und dem der DDR zu tun haben wollte. Man wollte die sowjetische Entwicklung »von innen heraus« erklären. Es war wie die Erschließung eines ganz neuen Kosmos mit anderen Lektüren – Trotzki, Bucharin, Lukàcs, Korsch, Benjamin – und mit ungemein anspruchsvollen Theoriedebatten über die Ökonomik der Transformationsperiode, die Aufhebung des Wertgesetzes, Rätedemokratie und so weiter. Man entdeckte eine Kultur, die in Westdeutschland vergessen oder diskriminiert war, die teilweise in der DDR, wenn auch verstümmelt, zugänglich war: die große Literatur der sowjetischen Avantgarde, die Filme von Eisenstein, Wertow, Dowschenko, den »Theateroktober«.

Theateroktober lautete 1920 die programmatische Parole des neu ernannten Leiters der Theaterabteilung im sowjetischen Ministerium für Bildung und Kultur, Wsewolod E. Meyerhold. Der Regisseur forderte damit nicht nur eine Revolution des Theaters, sondern vor allem ein Theater der Revolution, das die Grenzen zwischen (Theater-)Kunst, Leben und Politik aufhebt.

In fast allen Bereichen – im Kino, in der Kunst, in der Literaturtheorie – gab es etwas zu entdecken. Es war verführerisch, sich mit diesen Leistungen der russischen Intelligenzija, später oft Opfer des Stalinismus, zu identifizieren. Da gab es also eine kleine, opferbereite, heroische Elite, die im richtigen Augenblick am richtigen Ort Weltgeschichte geschrieben hatte. Mit dieser intellektuellen Formation – der russischen Intelligenzija – habe ich mich auch noch viel später, nach dem Ende der Studentenbewegung, intensiv beschäftigt.

Aber es gab neben dieser Faszination noch eine ganz andere Erfahrungsschicht. Ich fühlte mich in Russland fast in einem heimatlichen Sinne zu Hause, weil es doch – durch alle Urbanisierung hindurch – immer noch ein stark dörflich geprägtes Land ist. Ich hatte es daher immer mit zwei Welten zu tun – mit der urbanen Intelligenz, ihren Milieus und Diskursen einerseits und dem weiten Land draußen, das mir vertraut war, in dem ich mich zurechtfand, das mich teilweise aber auch erschreckte. Man sah allenthalben die Spuren des Krieges, des Niedergangs, der gewaltsamen Kollektivierung, der Landflucht, des Alkohols, kurz: eine große Erschöpfung. Die Leute freuten sich, wenn sie einen jungen Deutschen, der per Autostopp unterwegs war, mitnehmen konnten. Irgendwo hat mich mal ein Traktorist ein Stück mitgenommen und mich gefragt, ob ich wüsste, wer in Kaliningrad geboren war. Er wusste natürlich, dass es Immanuel Kant war, weil er früher in Kaliningrad stationiert gewesen war.

Diese Polarität, einerseits die Kreise der städtischen Intelligenz, andererseits draußen das Land, hat mich immer fasziniert, das gab es so in Deutschland nicht mehr. Man lebte gleichsam in zwei Welten, in zwei verschiedenen Zeitaltern. Sicher war dabei romantische Projektion im Spiel: Identifikation mit der Intelligenzija des 19. Jahrhunderts, mit ihrem opferreichen Kampf gegen die Macht, ihrem »Gang ins Volk«, also eine romantische oder nostalgische Vorstellung. Aber so war es. Ich glaube, dass diese Vorstellungen in der Studentenbewegung vorhanden waren, unabhängig von den diversen Fraktionen: marxistisch-leninistisch, anarchistisch, trotzkistisch, stalinistisch, maoistisch usw. Erst recht identifizierte man sich mit denen, die später Opfer der stalinistischen Säuberungen, des »Großen Terrors« wurden. Die Selbstbeschuldigungen gestandener Revolutionäre in den Moskauer Schauprozessen trieben viele um. Daher das große Interesse für die Schriften von Arthur Koestler (»Sonnenfinsternis«), Robert Conquest (»Der Große Terror«), Maurice Merleau-Ponty (»Humanismus und Terror«). Man wusste ziemlich gut Bescheid über die stalinistischen Verbrechen, umso rätselhafter ist einem im Nachhinein, warum man sich – und ich war in den 1970er-Jahren Mitglied einer maoistischen Organisation – trotz aller intellektuellen Bauchschmerzen zu einer Apologie des Stalinismus als einer »historischen Notwendigkeit« bereitgefunden hat. Vieles kam hier zusammen, was in der Luft gelegen hat und worüber man im Nachhinein den Kopf schüttelt. Autoritätsgläubigkeit, Glaube an die Wirksamkeit von Ideen und Ideologien, Wirklichkeitsverweigerung, Selbstermächtigungsfantasien.

Ich hatte ursprünglich nicht mit dem Studium der Geschichte begonnen, sondern mit dem der Philosophie. Weil ich die Welt verstehen wollte und weil ich verstehen wollte, wie man sie ändert. Ich habe dann gemerkt, dass die Philosophie dafür nicht das richtige Feld ist, sondern dass man dafür etwas von Geschichte und Soziologie verstehen muss. In gewisser Weise hat dazu auch mein Philosophieprofessor, Helmut Fleischer, beigetragen, der übrigens auch noch kurz vor Kriegsende eingezogen worden und zwei Jahre lang in einem Kriegsgefangenenlager und in einer antifaschistischen Schule in Schuja nordöstlich von Moskau inhaftiert war. Aus dem Krieg kam er – ein Bekannter von Wolfgang Leonhard übrigens – nach Deutschland zurück mit einer Doppellektion in Sachen Faschismus/Stalinismus. Als Philosophieprofessor erklärte er uns, dass es ein Philosophieren im 20. Jahrhundert als »Zeit in Gedanken gefasst« jenseits der Erfahrung von Nationalsozialismus und Stalinismus nicht mehr geben konnte. Mein primärer Impuls, Geschichte zu studieren, lag also nicht in einem allgemeinen Interesse an der akademischen Geschichtswissenschaft, sondern weil wir dachten, jeder hat auch als Zeitgenosse etwas mit Geschichte zu tun. Wenn ich heute über alles nochmals neu nachzudenken beginne, dann nicht deswegen, weil ich eine neue Forschungsrichtung innerhalb der russischen Geschichte entdeckt hätte, sondern weil alles nach dem Ende der Sowjetunion noch einmal neu durchdacht werden muss. Was viele von uns in Ost und West in den 1970er- bis 1980er-Jahren so geeint hat, möglicherweise sogar ohne dass wir voneinander wussten, das ist, würde ich behaupten, eine Generationserfahrung des Dissidententums. Für die, die diese Erfahrung gemacht haben – und es waren nicht allzu viele –, war es ungeheuer aufregend – praktisch und intellektuell –, sich in diesem grenzüberschreitenden Milieu auszutauschen. Ich weiß noch ganz genau, wie ich zum ersten Mal mit Menschen in den berühmten Moskauer Küchen zusammenkam. Die hatten alle unglaubliche Lebensgeschichten. Die meisten waren Kinder von »Volksfeinden«, von Leuten, die im Gulag waren oder umgebracht worden waren. Sie selbst waren nach Kasachstan deportiert worden und erst später nach Moskau zurückgekehrt. Sie gehörten alle zur Tauwetter-Generation, zu den sogenannten »Sechzigern«. Was uns verband, war, auch wenn das pathetisch und vielleicht auch apologetisch klingt, dass man mit dem, was in der Vergangenheit geschehen war, klarkommen wollte, dass man seinen eigenen Weg gehen wollte und dafür auch etwas in Kauf nahm. Das war so eine Art Einverständnis über alle sonstigen Differenzen hinweg.

Deutschland hatte sich lange nicht seiner Vergangenheit gestellt – der wichtigste Grund für all die Auseinandersetzungen im Zuge der 68er-Bewegung.

Ich fühlte mich in den Dissidentenkreisen sehr wohl, weil mir das alles vertraut war. Man wusste, dass man bespitzelt wurde, man telefonierte nicht, man musste sich in der Metro verabreden, man wusste, wie man Flugblätter herstellt, wie man verbotene Literatur schmuggelt und Bücher vervielfältigt. Alle meine Bekannten in den 1970er- und 1980er-Jahren waren, was ihre politischen und weltanschaulichen Positionen angeht, ganz unterschiedlich, aber von ihrer grundsätzlichen Einstellung zum Leben und zur Gesellschaft waren sie mir sehr nahe und vertraut, eigentlich näher und vertrauter als der akademische Betrieb, dem ich von Berufs wegen angehörte.

Als ich Pjotr Grigorenko (Petro Hrihorenko), einen aus der Ukraine stammenden sowjetischen General, der in den 1960er-Jahren zu den Dissidenten stieß, zum ersten Mal getroffen habe, diesen Mann, der in den 1930er-Jahren unter Stalin Karriere gemacht hatte und der auf seine alten Tage noch einmal Courage gezeigt und Flugblätter vor den Betrieben in Moskau verteilt hat, fühlte ich eine seltsame Verbundenheit, denn auch ich hatte Flugblätter vor West-Berliner Betrieben verteilt, obwohl das aus heutiger Sicht ziemlich kindisch und irgendwie auch lächerlich war – und nicht vergleichbar, was das Risiko betrifft. Aber das waren meine Kontakte in den 1970er-Jahren zur russischen Welt – über die Dissidenten und Exilanten, wie zum Beispiel Boris Vajl in Kopenhagen und Natalija Gorbanewskaja und Leonid Pljuschtsch in Paris, Alexander

Sinowjew in München und natürlich Lew Kopelew in Köln. Mit ihnen hat man sich auf Anhieb verstanden, obwohl man von ganz verschiedenen Theoriesystemen herkam. Als zum Beispiel Andrej Sinjawski und Maria Rosanowa bei mir in Köln zu Besuch waren und sie in meinem Bücherregal die vier Bände »Ausgewählte Werke« von Mao Tse-Tung sahen, hat Maria Rosanowa gesagt: »Karl, bist du wahnsinnig!« Es war für sie total schockierend, dass ein ihrer Meinung nach vernünftiger, engagierter Mensch, den sie schätzte, gleichzeitig die Kulturrevolution Maos als ein Schlüsselerlebnis interpretieren konnte. Für sie war die Kulturrevolution vergleichbar mit dem Großen Terror des Jahres 1937. Westliche Linke, die nach Moskau kamen, standen bei sowjetischen Dissidenten unter einem Generalverdacht: Ihr habt ja keine Ahnung, ihr habt ja nur Bücher gelesen, ihr kennt euch mit Hitler aus, aber wisst nichts von Stalin. Das waren sehr komplizierte Gespräche, in denen man sich durch viele Missverständnisse hindurcharbeiten musste. Aber es waren intellektuelle Abenteuer, von denen diejenigen, die nicht dabei waren, keine Vorstellung haben. Die oppositionelle Szene Russlands verstand von gesellschaftlichen Dynamiken oft mehr als professionelle Politologen und Soziologen hierzulande, für die das alles nur ein akademischer Gegenstand gewesen ist. Ich weiß, es klingt jetzt wieder apologetisch, wenn man rückblickend und aus der Distanz seinen eigenen Lebenslauf interpretiert, aber ich glaube tatsächlich, dass es die Begegnung mit diesen engagierten, couragierten, manchmal auch verrückten, aber jedenfalls interessanten Menschen war, die mir die Augen geöffnet und mein Interesse für das Land, seine Menschen und deren Schicksale geweckt hat.

Ich hatte das Glück, dabei zu sein, als die russische Zivilgesellschaft wiedergeboren wurde und die russische Intelligenzija auf die Bühne zurückkehrte. Dort habe ich auch meine Frau kennengelernt und im Moskau der 1980er-Jahre ist auch unsere Tochter geboren worden und aufgewachsen.

Aber ich war nicht nur in Russland unterwegs. Ich war sehr früh in der Tschechoslowakei und habe viele der Schriftsteller, die im Prager Frühling eine Rolle gespielt haben, kennengelernt, entweder noch in Prag oder später im Exil. Ähnlich ist es mit den ungarischen Dissidenten, meist aus dem sogenannten Lukàcs-Kreis und der »ungarischen Neuen Linken«. Am wenigsten und erst sehr spät bin ich den Aktivisten der polnischen Bürgerrechtsbewegung begegnet, ein Mangel, den ich nicht einmal durch meine spätere Arbeit an der Europa-Universität Viadrina in Frankfurt an der Oder aufholen konnte. Ich würde sagen, dass für mich nach Elternhaus und Schule diese Generationserfahrung der 68er im Westen und der 60er in Osteuropa prägend wurde. Es war ein großes Privileg, dass man sich auf beiden Seiten der Mauer hat umsehen können.

Im Rückblick wird einem klar, dass man inzwischen selbst ganz und gar dem 20. Jahrhundert, dass man einer verschwindenden Zeit angehört. Und man merkt es vor allem in der Auseinandersetzung mit den jungen Leuten, den Studenten, denen man heute erklären muss, dass man für ein Telefonat in der Sowjetunion der 1980er-Jahre fünf Stunden im Zentralen Telegrafenamt in Moskau anstehen musste oder dass man bestimmte Bücher in der Bibliothek nicht bekommen konnte, weil sie in einer »Spezialabteilung« verschlossen waren, und so weiter und so fort. Wir leben heute in einer ganz anderen Welt, und es ist der jetzt lebenden Generation schwer verständlich zu machen, was für eine das war. Und es ist ein richtiges Problem, wie man Wissen und Erfahrung weitergibt, wie man eine Art von Kontinuität stiftet, damit nicht alle Erfahrung verloren geht und jeder wieder ganz von vorne beginnen muss.

Viele der heutigen Diskussionen haben den Charakter von Veteranentreffen, was ich überhaupt nicht mag. Die Leute, die sich heute in den Talkshows über Russland und die Situation in der Ukraine unterhalten, sprechen gar nicht über das heutige Russland, sondern leben von ihren Erfahrungen, die sie in den Jahren der Perestroika oder den »wilden 1990ern« gemacht haben. Nicht »konkrete Analyse einer konkreten Situation«, wie Lenin das genannt hat, sondern Konservenwissen aus Zeiten, die längst vergangen sind. Man vergleicht, wie es damals war – ach ja, die Perestroika-Zeit – und wie es heute ist, man vergleicht und ist enttäuscht oder fühlt sich bestätigt – je nachdem. Aber um mit der aktuellen Entwicklung in Russland und in der Ukraine

Schritt zu halten, muss man sich mit der Situation jetzt vertraut machen und noch einmal neu in das Thema einsteigen. Mehr Informiertheit über die Gegenwart als nostalgische Verklärung, mehr Geistesgegenwart als sentimentale Erinnerung wäre zu wünschen.

IRINA SCHERBAKOWA: Natürlich bin auch ich vom 20. Jahrhundert geprägt worden, wobei für mich eine sehr wichtige Rolle spielte, dass es zwei Deutschlands gegeben hat, die sich diametral gegenüberstanden, sowohl in ihrem Selbstverständnis als auch in ihrer Wahrnehmung von Russland. Ich habe zehn Jahre lang DDR-Literatur ins Russische übersetzt, war einige Male in Ostdeutschland und habe viele Menschen dort kennengelernt. Den Westen kannte ich nur aus der Literatur von Heinrich Böll, Siegfried Lenz, Günter Grass, Peter Handke und anderen. Ich hatte es mit zwei wirklich sehr verschiedenen Welten zu tun. Das Bild, das wir uns von der DDR machten, hatte für sehr viele Menschen in Russland etwas Langweiliges. Es interessierte sie wenig. Man musste oft erklären, warum dieses oder jenes Buch lesenswert ist, dass es nichts Provinzielles an sich und stattdessen viel auch mit unserem Leben zu tun hat, wie die Bücher von Heiner Müller, Christa Wolf, Ulrich Plenzdorf und vielen anderen ostdeutschen Autoren. Das hat sich erst im Laufe der Jahre geändert. 1985 habe ich einen Band mit Geschichten von DDR-Autorinnen zusammengestellt, die ein durchaus kritisches Bild des DDR-Alltags zeichneten.

Was mich aber sowohl in der Literatur als auch im Umgang mit den Menschen betrübte, war, wie sehr die Menschen in der DDR von der Teilung des Landes traumatisiert waren und dass sie viel mehr Angst hatten als wir in Russland. Bei uns hatte man ja den Terror der 1930er-Jahre schon hinter sich, und unter Breschnew hatten wir es schon mit einer schwachen Diktatur zu tun, die träge war und ausgeblutet. Angst vor der Staatssicherheit hatten wir in den 1970er- und 1980er-Jahren, anders als viele Menschen in der DDR, viel weniger. Aber natürlich hatte ich damals keine Ahnung davon, wie mächtig die Stasi in der DDR war und welchen Druck sie auf die Menschen ausgeübt hat, auch auf die, die ich kannte. Das habe ich erst sehr viel später erfahren.

Heute verändert sich das bei uns, das ist spürbar, auch wenn die Angst eine andere ist. Sie ist nicht mehr so sehr existenziell oder konkret individuell spürbar, sondern es ist aus meiner Sicht eher eine Angst um Russlands Schicksal – und die ist heute viel stärker, als ich sie jemals zuvor gespürt habe. Darum sind ja auch die Geschichte und das Wissen um die Geschichte so wichtig. Wenn man die Veränderung des Geschichtsbildes und der Propaganda nicht einordnen kann, kann man das aktuelle Geschehen in Russland und in der Ukraine auch nicht bewerten. Und wenn man keinen historischen Zugang zu diesen Veränderungen hat, dann passiert das, was gerade geschieht: dass die Geschichte in Russland enorm missbraucht wird.

Der Schwerpunkt der derzeitigen russischen nationalen Ideologie stützt sich auf die Idee vom starken Staat mit einem starken nationalen Führer an seiner Spitze. Um diese Ideologie zu untermauern, wandte man sich der russischen Geschichte zu. Gleichzeitig mit dem Aufbau der Machtvertikale wurde die Geschichte zum Instrument, diese zu stärken. Und so wurden die Kreml-Ideologen nicht müde, sich auf »starke Machthaber« zu berufen und zu erklären, nur diese könnten Russland wieder stärken.

So verwendet man im öffentlichen Diskurs wieder Begriffe aus den Zeiten des Großen Terrors oder des Kalten Krieges, wie z.B. »Fünfte Kolonne«, »ausländische Agenten« und eine Vielzahl anderer mehr – Begrifflichkeiten, die deutlich machen, wie bestimmte Klischees aus der Vergangenheit für propagandistische Zwecke und eine neue Staatsideologie eingesetzt und somit wieder gesellschaftsfähig gemacht werden. Die oft äußerst tragischen persönlichen Familienerinnerungen existieren dabei völlig losgelöst von der großen Geschichte und verbinden sich somit auf absurde Weise mit einem durchaus positiven Bild von Stalin und der Sowjetmacht. Man beschwört erneut den Sieg im »Großen Vaterländischen Krieg« und missbraucht die Begriffe »Faschismus« und »Antifaschismus«, indem man die Maidan-Proteste in der Ukraine als »faschistisch« bezeichnet.

Die historische Arbeit mit den heutigen Jugendlichen wird damit zunehmend schwieriger, denn sie tragen ja nicht die Erfahrungen des 20. Jahrhunderts mit sich, aber sie wissen auch wenig von Stalin, wenig von den Säuberungen, dem »Tauwetter«, der Ära der Stagnation, kaum etwas von der Perestroika. Dieses fehlende Wissen ist eine ideale Voraussetzung und Grundlage für jede neue Form der Ideologie. Wer die Geschichte nicht kennt, erkennt den Unterschied nicht, wie sie gesehen und interpretiert wird. Ich glaube, die Zäsur fand hier um die Jahrtausendwende statt. Die Entwicklungen in den 1990er-Jahren waren sehr turbulent, teilweise sehr einschneidend, aber die Menschen waren damals noch an den Entwicklungen interessiert, sie wollten verstehen, wie es dazu gekommen war. An den Arbeiten der Schülerwettbewerbe zur Geschichte Russlands, die wir bei MEMORIAL jährlich ausschreiben, kann man diese Veränderung sehr gut ablesen. Die Arbeiten, die wir zwischen 1999 und 2005 bekommen haben, setzten sich alle noch sehr kritisch mit dem behandelten historischen Thema auseinander. Da merkte man noch, dass die Aufklärung der 1990er-Jahre etwas bewirkt hat. Man verband die eigene, oft sehr tragische Familiengeschichte mit den historischen Geschehnissen des 20 Jahrhunderts. Es gab beispielsweise sehr viele Geschichten über die Enteignung und Deportation der Bauern. Und ich glaube, dass es uns damals gelungen ist, diese Geschichte, die kaum in schriftlichen Erinnerungen niedergelegt worden war, im letzten Augenblick, bevor die Zeitzeugen starben, festzuhalten. Durch diese Geschichten, die unsere

Schüler zu hören bekommen haben, erfuhren sie, was ihre Großeltern erlebt hatten – wenn die Großmutter z.B. ihr erstes Paar Schuhe erst mit 16 Jahren bekommen und wie sie zuvor ihre Füße mit Lehm beschmiert hat, damit es so aussah, als hätte sie Schuhe an.

Die Perestroika war aber auch die Zeit, in der die bis dahin verbotene Literatur zum ersten Mal in den Schulunterricht Einzug hielt, und jede zweite Arbeit begann mit dem Zitat von der russischen Lyrikerin Anna Achmatowa aus ihrem Gedicht »Requiem«, das dem Großen Terror gewidmet ist: »Ich wollte sie alle mit Namen nennen,/Doch man nahm mir die Liste, wer kennt sie noch«, wie es dort im »Epilog« heißt.

Das Geschichtswissen und -verständnis der Schüler und auch der Bevölkerung hat sich seit zehn Jahren stark geändert. Man weiß nicht viel mehr als das, was das Fernsehen jeden Tag sendet, und das ist wirklich ein rudimentäres und einseitiges Wissen. Natürlich interessiert sich noch eine Minderheit wirklich für historische Zusammenhänge, aber an den Schülerarbeiten lässt sich eine ganz andere Entwicklung gut ablesen. Statt Zitate von Achmatowa oder Pasternak zu bringen, beschwören sie oft unreflektiert den russischen Patriotismus und den nationalen Stolz. Das ist heute alles zu einem ganz großen einheitlichen Bild verschmolzen – Stalin, Krieg, Patriotismus –, die Jugend differenziert nicht mehr und die Geschichte des Terrors wird erneut verdrängt; die Sowjetzeit wird allgemein sehr positiv bewertet.

Im Prinzip begann diese Entwicklung bereits in der ersten Amtszeit von Wladimir Putin, vielleicht ein bisschen früher, aber damals war für uns die Dimension, die sie annahm, nicht abzusehen. Deutlicher wurde es erst, als man unter Putin 2005 den 60. Jahrestag des Kriegsendes gefeiert hat. Es gab natürlich Feierlichkeiten, eine große Militärparade, bei denen man die Schrecken und Tragödien des Krieges unter den Teppich kehrte und nichts von dem großen Preis dieses Sieges erzählte, sondern nur von dem glorreichen Sieg sprach. Das war der Beginn eines neuen Narrativs, das sich überall verbreitete. Gleichzeitig gründete man einige neue Jugendorganisationen, um eine »patriotische Jugend« zu erziehen. Die größte von ihnen wurde die Organisation der sogenannten »Naschi«.

2005 gründete die russische Staatsführung die nationalistische Jugendorganisation *Naschi – Die Unseren*. Das Ziel der Organisation ist die Unterstützung des politischen Kurses der Partei »Einiges Russland« – der Partei Wladimir Putins. 2005 hatte »Naschi« ihren ersten öffentlichkeitswirksamen Auftritt an einem nationalen Gedenktag mit 50 000 Teilnehmern an einer Demonstration. Es folgte ein Sommerlager für mehrere Tausend »Kommissare« (= Funktionäre) und ein Empfang von 20 der Teilnehmer auf Putins Datscha. Die Mitglieder, so schrieb der langjährige Vorsitzende, betrachteten Russland »als das historische und geografische Zentrum der Welt«.

Dort wurde die Geschichte von Anfang an für die eigenen ideologischen Zwecke missbraucht. Man hat stark auf die Entwicklung von Feindbildern gesetzt, zeigte sich antiwestlich und antiliberal. Man hat sehr viel Geld investiert und die jungen, begeisterungsfähigen Menschen missbraucht, um gegen »den Westen« zu demonstrieren oder gegen die Oppositionellen zu hetzen. Heute hört man von »Naschi« wenig, sie wurde durch andere, anscheinend viel effektivere »patriotische« Initiativen ersetzt, wie z. B. »Putins Trolle«.

Die *Trolle Putins* oder auch *Kreml-Trolle* werden synonym für die russische Propagandamaschinerie verwendet, die im Internet und in sozialen Netzwerken versucht, Meinungen und Kommentare im Sinne des Kreml zu beeinflussen. Berichte von Aussteigern belegten 2014 und 2015 die vorherigen Recherchen von Zeitungs- und Nachrichtenredaktionen: Hunderte dieser sogenannten Trolle werden vom Kreml dafür bezahlt, die Kommentarspalten von Onlinemedien und die sozialen Netzwerke täglich mit einer großen Zahl prorussischer Kommentare und Texte zu fluten. Die *Trolle* sind in »Troll-Fabriken«, d. h. Firmen, organisiert, die täglich in mehrstündigen Schichten arbeiten.

Auch in den Schulen hat sich viel verändert: Es lehrt heute eine neue Generation; von denen, die noch in den 1990er-Jahren gearbeitet haben, gibt es nur noch wenige. Damals gab es noch Lehrer mit einer inneren Haltung zur Ausbildung im Geiste des Humanismus. In der Sowjetunion waren Schulen vielfach eine Zuflucht für intellektuelle Menschen, die an anderer Stelle keine Arbeit gefunden haben. Auch wenn man zum Beispiel eine »falsche Nationalität« hatte, wie z. B. die jüdische, oder nicht die richtige politische Einstellung, war es möglich, als Lehrer an Schulen aufklärerische Arbeit zu leisten. Vor allem in den Provinzen konnten solche Menschen Lehrer werden, häufig für russische Literatur. Sie brachten auch den Dorfschülern die große russische Literatur nahe, das war wirklich einmalig. Heute sind diese Lehrerinnen und Lehrer altersbedingt aus dem Schuldienst ausgeschieden. Auch die Kenntnisse der Lehrer sind heutzutage andere, zumindest was die Bedeutung von Literatur und Geschichte betrifft. Der heutigen Lehrergeneration fehlt die eigene Erfahrung oder das Wissen um die Erlebnisse ihrer Familien im 20. Jahrhundert. Die Arbeit an den Schulen ist heutzutage viel schwieriger geworden: Die Lehrer stehen unter einem viel größeren bürokratischen und politischen Druck. Man fordert von ihnen die patriotische Erziehung der Schüler und in manchen Schulen wurde bereits das Singen der russischen Hymne vor Unterrichtsbeginn eingeführt. Es wird die ganze Zeit davon gesprochen, dass wieder einheitliche Lehrbücher für Geschichte und Literatur eingeführt werden sollen, und man hört, dass eine Kommission bereits daran arbeitet.

Eigentlich hatten wir gehofft, dass nach dem Ende des Kommunismus eine neue, aufgeweckte Generation heranwächst, die weltoffener ist und ohne Ängste lebt, aber das ist nicht eingetreten. Noch vor 15 Jahren schien es, dass sich wirklich etwas verändert hat, dass die Aufklärung Einzug gehalten hätte. Aber jetzt erleben wir den massiven Druck der staatlichen Propaganda aus dem Fernsehen oder auch aus dem Internet. Man braucht jetzt viel Mut und Verstand, sich dem allen zu widersetzen.

KARL SCHLÖGEL: Es ist immer schwierig, einen Generalnenner für »die geistige Situation der Zeit« zu finden. Aber vielleicht kann man doch eine Tendenz beschreiben. Es gab nach der Wende von 1989 etwas, was ich »mentalen Block« nennen möchte. Und der unterscheidet sich sehr von dem, was sich in Russland nach dem Ende der Sowjetunion abgespielt hat. Im wiedervereinigten Deutschland, vor allem im westlichen Teil, lebte man irgendwie in der Stimmung: Es ist vollbracht. Es ist etwas zu einem logischen Abschluss gebracht worden. Man spottete zwar über die zur Unzeit gekommene Proklamation von Francis Fukuyamas »Ende der Geschichte«, aber es gab doch so eine generelle Stimmung, dass jetzt nichts Neues mehr kommt, sondern es ging um »nachholende Revolutionen«, um Nachvollzug von etwas, was es schon gab – im Westen. Man war gewissermaßen überraschungsresistent. Man hatte für alles Modelle, Rezepte, Begriffe, Antworten – und das in einem Augenblick, in dem alles infrage gestellt war und man eigentlich noch einmal neu hätte einsteigen müssen. Ich rede nicht einmal von den »Besserwissern«, sondern eher von denen, die schon immer Bescheid wussten.

Ich hatte nach dem Beginn der Perestroika in Russland in der zweiten Hälfte der 1980er-Jahre eine radikal andere Erfahrung gemacht, eine der radikalen Verunsicherung, des Zusammenbruchs oder der Auflösung aller bis dahin vertrauten Orientierungen und Modelle. Darin lag etwas Befreiendes, aber auch etwas Erschreckendes. In einem Moment machte man sensationelle Entdeckungen – Veröffentlichungen, Archivrevolution, Auslandsreisen – und im selben Moment brachen ganze Welten ein, es entstand ein ungeheures Vakuum, in das alles einströmen konnte, was es seinerzeit auf dem spirituellen und intellektuellen Markt so gab. Leute, die in den 1980er- und 1990er-Jahren nicht in Moskau waren, können sich nicht vorstellen, was da alles auf einmal zusammenkam: Reprints von lange verbotenen Schriften (Freud, Trotzki, Nietzsche, die Protokolle der Weisen von Zion), glänzende Essays eines befreiten Denkens, schonungslose Selbstanalysen der sowjetischen Gesellschaft, eine sich über das Land ergießende Welle von Übersetzungen aller nur denkbaren Autoren und Schulen von Arendt bis Derrida, von Walter Benjamin bis Carl Schmitt, ein neuer Markt der Religionen und Konfessionen in Konkurrenz mit Marketing und Pornos aller Art. Und was die Geschichtsarbeit anging: großartige Dokumentationen und neue historische Werke zur Geschichte des Stalinismus und ein gleichzeitiger Boom an neostalinistischer Mythologie und Kitsch. Als Nicht-Russe hat man sich immer gefragt, wie ein Land intellektuell mit dem vom Ende des Sozialismus und vom Ende des Imperiums hinterlassenen Vakuum, wie eine Gesellschaft mit dieser »Kascha« – also diesem Brei in den Gehirnen – und dem Zusammenbruch aller festen Orientierungen fertigwerden kann. Aber es war eine Situation, die ganz offen war, in der Inspiration und Mythenbildung, Innovation und Regression Hand in Hand gingen – in intellektueller, ästhetischer, literarischer Hinsicht eine kaum überbietbare Chance und Herausforderung. Russland in den 1980er- und 1990er-Jahren war für mich ein Ort des »wilden Denkens« – entfesselt, aber auch haltlos, mit allen Chancen und Risiken. Es gab nicht nur einen »Historikerstreit« in Russland, sondern viele, und manche lange vor dem deutschen Historikerstreit. Man konnte unter kritischen Geistern in der Sowjetunion über den Faschismus gar nicht sprechen, wenn man vom Stalinismus schwieg. Es gab in der spätsowjetischen kritischen Öffentlichkeit eine Europäisierung des geschichtlichen Erfahrungsraums, noch bevor die European Studies in Deutschland als Curriculum verordnet wurden.

Dieses Gefühl, dass eine radikal neue Situation eingetreten ist, auf die man nicht vorbereitet ist und in der das Eingeständnis der Ratlosigkeit keine Schande, sondern ein Zeichen von Selbstsicherheit ist, dieses Gefühl habe ich im wiedervereinigten Deutschland nicht gehabt. Man wusste immer schon Bescheid. Man lebte in Sicherheiten, weil man es – besonders meine Generation – nicht anders kennengelernt hatte.

Vom wilden Feld des russischen Denkens

KARL SCHLÖGEL: Deutschland ist so durch und durch befriedet und zufrieden, es ist so wohlgeordnet und wohl ausgestattet, dass es von den Vorgängen, die sich dort in Russland und der Ukraine abgespielt haben und heute stattfinden, kaum eine Ahnung hat, ja sie sich kaum vorzustellen vermag. Hier liegt der Grund für ein tiefes Unverständnis. In Zeiten des Kalten Krieges gab es so etwas wie eine stabile, wohlgeordnete Symmetrie, in der wir uns damals, wenn auch von entgegengesetzten Polen aus, noch verständigen konnten. Heute gibt es diese nicht mehr. Jenseits dieser Ordnung sind jetzt Welten aufgetaucht, mit denen wir nicht vertraut sind, mit denen wir kaum etwas anzufangen wissen. In Zeiten des Kalten Krieges gab es so etwas wie eingespielte Sprachregelungen und Routinen, die verstanden und respektiert wurden. Aber was macht man mit einer Strömung des Neu-Eurasismus, die in den 1990er-Jahren formuliert wurde und im letzten Jahrzehnt Karriere auf dem russischen Ideenmarkt gemacht hat? Ich habe damit die größten Schwierigkeiten. Ich wusste, wie ich mich in der Zeit des Kalten Krieges verständigen kann. Das funktioniert heute so nicht mehr und meiner Meinung nach sind wir darauf überhaupt nicht eingestellt. Wir denken, wir haben das gesamte Rüstzeug des Historikers beisammen: Quellen, Namen, Fakten, Hilfswissenschaften, all das Übliche. Wir denken, das würde ausreichen, aber das ist ein Irrtum. Es ist diese Selbstberuhigung des Akademischen, diese Nicht-Irritierbarkeit, diese Einstellung, dass man für alles einen Instrumentenkasten hat, wie ein chirurgisches Gerät, das man nur einzusetzen braucht, um jeden Fall zu lösen. All das macht mich richtig nervös. Man wiederholt wie ein Mantra den Begriff der »Transformation«. Doch nur weil man glaubt, ein Wort für das, was da vor sich geht, gefunden zu haben, hat man es noch lange nicht im Griff, von Verstehen möchte ich gar nicht sprechen. Das Stichwort wirkt wie eine Art Selbstberuhigung.

Die Vorstellung von einer 1989 einsetzenden Transformation beruhigte zunächst. Man glaubte, ein Weg von A nach B, von Kommandowirtschaft zu Marktwirtschaft, sei möglich und verlaufe im Laufe der Zeit linear auf ein positives Ziel hin. Aber in Wirklichkeit war und ist das eher eine totale Immunisierung gegenüber der Wildheit einer losgelassenen und wieder in Fahrt gekommenen Geschichte, und ich behaupte, dass die Russen und überhaupt alle von der »Transformation« betroffenen Gesellschaften viel mehr konfrontiert sind mit dieser existenziellen Verunsicherung des Denkens, als das bei uns der Fall ist. Ob das jetzt gut oder schlecht ist, will ich gar nicht endgültig beurteilen, aber es ist auf jeden Fall ganz anders. Und für diese, meiner Meinung nach radikal veränderte Situation auf russischer Seite Worte, eine angemessene Sprache zu finden, das, muss ich gestehen, fällt auch mir schwer.

Ein Beispiel: Schon in den 1990er-Jahren habe ich Seminare über Eurasismus und Alexander Dugin gehalten.

Die *Eurasierbewegung* war ursprünglich eine Bewegung der 1920er-Jahre, entstanden in Kreisen der russischen Emigration, und hatte die Etablierung eines Bewusstseins für einen »dritten Kontinent« zwischen Asien und Europa zum Ziel. Zu den »Eurasiern« gehörten damals u. a. Roman Jakobson sowie der Linguist Nikolai Trubetzkoy. In der UdSSR war Lew Gumiljow, Sohn der Lyrikerin Anna Achmatowa, ein wichtiger Vertreter dieser Bewegung.

In der Gegenwart nahm Alexander Dugin die Lehre wieder auf und begründete die »Eurasische Partei«. Dugin selbst vertritt antiwestliche Positionen und gilt als intellektueller Ideengeber der Neuen Rechten in Russland. Er vertritt das geopolitische Konzept eines »Neo-Eurasismus« – eines neuen geopolitischen Raumes als Gegenpol zum Westen mit einem großrussischen Reich als Zentrum. Dugin berät angeblich Putin in Fragen der Publizistik.

Für mich waren das damals antiquarisch-historische Texte. Das waren Gedanken aus elitären Kreisen des russischen Exils in Sofia, Berlin und Paris, äußerst anspruchsvoll, anregend, sehr interessant. Einige Führungsfiguren der Eurasier fanden sich später in Stalins Lagern wieder. Aber dass dahinter eine vitale Energie stecken könnte, dass die Ideologen des Neo-Eurasismus plötzlich in Hochschulen, Fernsehstationen und bei den russischen Sturmtrupps auf der Krim und im Donbass auftauchen könnten – das hatte ich mir damals nicht vorstellen können, d.h., ich war nicht auf der Höhe der Zeit, um die geistige Entwicklung des heutigen Russland zu sehen und zu verstehen.

Das politische Äquivalent zu diesem »mentalen Block« ist, dass die Leute immer noch glauben, sie seien Herr des Verfahrens. Sie sind nicht Herr des Verfahrens! Stattdessen sind sie plötzlich in einen Prozess geworfen worden, in dem die Spielregeln aufgekündigt sind und niemand weiß, was morgen der Fall sein wird. In Deutschland beobachte ich eine Selbstzufriedenheit, die auszudrücken scheint: Wir sind so gut und so weit weg, dass uns nichts passieren kann. Und wenn uns potenziell etwas erschrecken könnte, wie ein Krieg in der Ukraine, das Scheitern der Rettungspolitik für Griechenland, ein Massensterben im Nahen Osten oder die Flüchtlingswelle über das Mittelmeer, dann wird uns das von den Experten so lange erklärt, bis alles wieder seinen Platz in unserer geordneten Welt gefunden und seinen Schrecken verloren hat. Aber in Wirklichkeit ist all das natürlich eine Selbsttäuschung.

Damit wollte ich aber eigentlich nur die Differenz in den geistigen Situationen der Nachwendezeit, die ich als »Zeit der Großen Abwicklung eines alten Zustandes« – sowohl in Ost wie in West – bezeichnen möchte, noch einmal für mich deutlich machen, bevor ich auf Details eingehen kann. Meine Zuversicht, was Russland angeht, war stets darauf begründet, dass dieses große Land immer eine erstaunliche Krisenbewältigungsfähigkeit gehabt hat. Dort gibt es Formen der Selbsthilfe, des Selbstorganisierens, derer wir entwöhnt sind und die wir uns in unserer stets perfekt organisierten deutschen Welt gar nicht vorstellen können. Diese Bereitschaft, sich auf Provisorien einzulassen, die Fähigkeit des Improvisierens, das Learning by Doing wie etwa die Neuerfindung des Kleinunternehmertums in den 1980er-Jahren, das Handeltreiben von Millionen von Menschen, als in den 1990er-Jahren die Versorgung zusammengebrochen war, die Tatsache, dass Hunderttausende Menschen sich auf den Weg gemacht haben, um sich und ihre Familien über die Runden zu bringen und im Leben irgendwie klarzukommen, das bewundere ich sehr an den ehemaligen Ostblockländern und auch an Russland. Ich bewundere das als Zeichen für Selbsttätigkeit, Nicht-Passivität, Nicht-Apathie, des Sich-nicht-Schickens in ein von wem auch immer verhängtes Schicksal.

Russland hat es in der schwierigsten »Zeit der Wirren« nach 1991 geschafft, die Balance zu halten, nicht abzustürzen in bürgerkriegsähnliche Zustände, was durchaus wahrscheinlich war. Da mich diese Krisenbewältigungsfähigkeit und Chaosresistenz im Alltag so sehr beeindruckt hat, war ich vermutlich auch nicht wach genug, um zu sehen, was sich an der »Peripherie«, zuerst in Tschetschenien, dann in Georgien, abgespielt hat. Da ich mich am Ende der Sowjetunion eher auf ein Armageddon eingestellt hatte, waren für mich die Kriege in Tschetschenien und Georgien, ich muss das gestehen, eher Randphänomene, nicht die Vorzeichen einer Entwicklung, die wir jetzt im Krieg gegen die Ukraine vor uns haben. Nun ist der Krieg doch da, wenn auch anders, als manche dachten. Darauf waren viele – ich jedenfalls – nicht gefasst. Doch auch jetzt gibt es schon wieder voreilige Einordnungen, die eigentlich nichts erklären: »Rückfall in die Geopolitik«, »Rückfall in den Kalten Krieg«, »Neo-Imperialismus«, »Revanche gegen den Westen« usw. Es geht aber darum, die inneren Triebkräfte, die Dynamik, die hinter dieser aggressiven Politik steht, und die neuen Formen, in denen das geschieht, zu analysieren.

Desillusionierung

IRINA SCHERBAKOWA: Ich bin, was Russland anbetrifft, etwas weniger optimistisch, als du es vorhin geschildert hast. Vielleicht klingt das wenig hoffnungsvoll, aber dieses ewige russische »Wir« – diese alte, aus den dörflichen Strukturen stammende Einstellung, dass immer die Gemeinschaft entscheidend ist und nicht so sehr der Einzelne, der für seine Entscheidungen einsteht – bereitet mir Unbehagen, auch wenn man das, wie ich zugeben muss, immer mitdenken sollte, wenn man über Russland spricht.

Die Annexion der Krim im Frühjahr 2014 haben wir als einen großen Einschnitt erlebt. Es fühlte sich so an, als habe die sehr lange Epoche der Aufklärung in Russland ein vorläufiges Ende gefunden. Eine Zeit, die unsere Großeltern und Eltern beflügelt und die sie geleitet hat. Es ist ja das eine, wenn es den Menschen materiell schlecht geht, aber etwas ganz anderes, wenn man ihnen auch noch das Wissen vorenthält und die Fähigkeit nimmt, kritisch zu denken. Unsere Propaganda verhindert Aufklärung, das ist wirklich tragisch. In den 1960er- und 1970er-Jahren gab es besonders auf dem Lande einerseits eine große wirtschaftliche Misere, andererseits eine fast übermenschlich anmutende Ausdauer oder Duldsamkeit, bei der ich mich immer gefragt habe, wo sie herkommt und wie man das alles nur ertragen kann. Aber trotz des schweren Alltags schienen viele Menschen immer noch Hunger auf Bildung und Kultur zu haben. Es wurde in Russland damals viel gelesen, auch wenn gute Bücher schwer zu kriegen waren – man musste sich lange anstellen oder Beziehungen haben. Und es schien damals, dass sich durch die Aufklärung und die Erkenntnis darüber, was die Menschen erlebt hatten, auch die Gesellschaft verändern würde. Dafür hatten wir uns doch immer eingesetzt. Meine Mutter war 60 Jahre lang Lehrerin, und ihr größter Antrieb bestand darin, die russische Literatur und die russische Kultur als eine Art geistige Rettung für die Menschen zu begreifen und weiterzugeben. Wir haben immer gedacht, man muss die Gesellschaft mithilfe umfassender Bildung und Aufklärung über die Vergangenheit im Sinne des Humanismus menschlich gestalten. Heute wird manchmal behauptet, die wichtigste Antriebskraft der Perestroika seien die engagierten Leser gewesen, und bis zu einem gewissen Grad ist das auch richtig. Nicht zufällig begann die Veränderung in der damaligen Gesellschaft nicht mit der Gründung großer Oppositionsparteien oder Bewegungen wie der polnischen Solidarność – denn dafür war die Gesellschaft noch nicht bereit –, sondern mit der Veröffentlichung von zuvor durch die Zensur verbotenen literarischen Texten und mit der Rückkehr verbotener Themen, Bücher und Autoren in die Literatur und die Publizistik. Und das wichtigste Thema waren die politischen Repressionen der Vergangenheit. Zur Aufklärung über diese Vergangenheit hat eine Gruppe von Aktivisten aufgerufen, die MEMORIAL gegründet hat.

MEMORIAL wurde 1988 von Andrei Sacharow, Sergei Kowaljow und Arseni Roginski als »Gesellschaft für historische Aufklärung, Menschenrechte und soziale Fürsorge« gegründet. Seitdem hat sich *MEMORIAL* der Aufarbeitung der kommunistischen Repression und der stalinistischen Verbrechen verschrieben sowie der

Anerkennung ihrer Opfer, der Entwicklung eines den Menschenrechten verpflichteten Staates und einer selbstbewussten demokratischen Zivilgesellschaft in Russland.

Trotzdem geht die Schaffung eines historischen Gedächtnisses über die kommunistische Epoche, die zur Zeit der Glasnost und des Fehlens jeglicher Zensur während der 1990er-Jahre begonnen hat, weiter.

Aus dieser Überzeugung heraus forderten wir in der Zeit der Perestroika: Öffnet die Archive! Dank eines neuen Archivgesetzes 1992 wurden zahlreiche Dokumente freigegeben und veröffentlicht – später sprach man dann von einer »Archivrevolution«. Es begann die wissenschaftliche Untersuchung der kommunistischen Vergangenheit. Die ersten Monografien erschienen, und es wurden die Arbeiten ausländischer Wissenschaftler übersetzt, die sich mit den »weißen Flecken« in der sowjetischen und der russischen Geschichte beschäftigten. Und endlich wurden die wahren, realen Zahlen der Opfer der stalinistischen Repressionen bekannt: Es waren ca. zwölf Millionen Menschen.

Leider hat sich die russische Gesellschaft bis heute ganz anders entwickelt, als wir damals in der Aufbruchsphase Ende der 1980er-Jahre gehofft hatten. Wir sprechen ja jetzt nicht davon, was mit der Gesellschaft geschehen ist, wohin sich die ehemaligen sowjetischen gesellschaftlichen Schichten entwickelt haben, sondern woraus die russische Gesellschaft heute besteht, wie sie sich verändert hat, was aus der Bürokratie geworden ist, was aus dem Sicherheitsapparat. Das Problem bestand vor allem darin, dass man die Staatssicherheit nie richtig reformiert hat, dass man den Prozess gegen die KPdSU 1992 ohne Ergebnis im Sande verlaufen ließ und dass es keine juristische Verurteilung Stalins und seiner Verbrechen gab. Letztendlich führte die Entwicklung der 1990er-Jahre dazu, dass eine sozial unverantwortliche, sehr schnell reich gewordene Schicht entstand und an die Macht kam, die sich wenig darum kümmerte, wie es denjenigen ging, die am unteren Ende der Gesellschaft standen – unter ihnen viele Wissenschaftler, Bibliothekare, Lehrer, und viele andere, die zu der sowjetischen Intelligenzija gehörten. Das machte diese Menschen zu Verlierern der Geschichte und mit ihnen verschwand auch die Bedeutung von Bildung und Wissenschaft. Alles schien käuflich zu sein. In einer Atmosphäre der Kriminalisierung der Gesellschaft wurden viele Dissertationen gekauft oder abgeschrieben, was unabhängige Experten erst heute ans Licht bringen. »Manager« wurde zum begehrtesten Beruf der 1990er-Jahre, der seit der Amtszeit Putins wieder durch Funktionäre der neuen und sehr skrupellosen Bürokratie ersetzt wurde.

Ich habe momentan keine große Hoffnung, dass sich das ändert, denn für mich haben sich tiefe Abgründe aufgetan, von denen ich nicht weiß, wie wir sie überbrücken können. Ich stehe plötzlich vor einem Scherbenhaufen, denn den Geist der Aufklärung, der seit dem 19. Jahrhundert die russische Kultur beflügelt hat, den gibt es seit der Regierungszeit Putins nicht mehr.

Gerade in Bezug auf die Ukraine lässt sich das Ende der Aufklärung in Russland erkennen. Nach der Annexion der Krim und dem Beginn des Krieges waren plötzlich weite Teile der Bevölkerung anfällig für die primitivste Hasspropaganda. Irgendwie scheinen alle humanen Werte wie weggefegt. Karl Schlögel hat über den Fall Dugin und die Ideologie des neuen Eurasiertums schon gesprochen. Dass Dugin nun unser Chefideologe sein soll, diese Bedeutung will ich ihm nicht beimessen. Aber das Gift, das er mit seinen abstrusen Ideen und seiner heuchlerischen, nationalistischen und militanten Hasspropaganda versprüht, ist sehr gefährlich. Damit ist er leider nicht der Einzige in Russland.

Schlimmer ist jedoch, dass viele Menschen bereit sind, an diese Ideen zu glauben. So etwas habe ich selbst zu sowjetischen Zeiten nicht erlebt. Selbst damals war man nicht in diesem Maß für Propaganda anfällig. Ich fühlte mich regelrecht ohnmächtig, als diese Entwicklung einsetzte. Dazu kam, dass ich mit Freunden, Kollegen und Gleichgesinnten wieder zu einer kleinen Gruppe derjenigen wurde, die sich dagegen wehrt. Meinungsumfragen haben ergeben, dass nur rund 15 Prozent der Menschen der heutigen Politik in Russland gegenüber kritisch eingestellt sind. Deshalb ist es für mich so wichtig und wertvoll, dass es Menschen und Initiativen im Ausland gibt, die sich für die Situation in Russland interessieren, die uns unterstützen. Denn man darf ja nicht vergessen, dass Putin nicht für das ganze Russland steht.

KARL SCHLÖGEL: Die Ukraine kenne ich von vielen meiner Reisen seit den 1960er-Jahren. Aber ich habe sie immer als sowjetische Provinz, nie als selbstständiges Land Ukraine wahrgenommen, sondern als Kiew, als Charkiw, als Donbass, als Odessa und auch als Krim, nicht als ein Subjekt mit eigener Identität. Jetzt habe ich gelernt, dass es so etwas gibt und dass wir aufhören müssen, auf die Ukraine immer aus Moskauer Perspektive zu schauen.

Ich war nicht auf dem Maidan, sondern bin erst danach hingefahren, weil ich eigentlich sehr langsam bin und auch nicht so recht meinen Augen traute, was da vor sich ging. Sozusagen in der Asche auf dem Maidan habe ich aber doch das Gefühl bekommen, dass das ein großes Ereignis gewesen ist. Ich glaube, dass die Bewegung zur Revolution wurde, weil die Menschen nicht mehr wollten. Die Sache mit Europa oder der Zugehörigkeit zur EU, das ist alles eher symbolisch. Die Ukrainer wollten nicht mehr unter Wiktor Janukowytsch von Russland mitregiert werden; und all die Gesichter und die Menschen, ihre Ernsthaftigkeit und ihr Mut, das war wirklich großartig, das muss man sagen. Die Menschen, die in Kiew auf dem Maidan zusammengekommen waren, und das neue politische Personal Kiews haben mich beeindruckt. Ich bin später auch nach Donezk und in andere besetzte Städte gefahren. Die Gestalten, die dort die Verwaltungsgebäude in ihre Gewalt gebracht hatten, haben mit einer dem Maidan vergleichbaren gesellschaftlichen Bewegung gar nichts zu tun. Ich musste und habe mich belehren lassen, dass die Abwicklung des postsowjetischen Zustandes immer noch anhält, dass sie noch immer unendlich qualvoll und mit unendlich viel Scheitern verbunden ist. Aber diese Ukraine hat doch einen starken Eindruck auf mich gemacht, gerade wegen ihrer Vielfalt, nicht nur der Städte und der Geschichte, sondern auch der Lebendigkeit des öffentlichen Raums. Ich war sehr davon beeindruckt, was dort auf der Straße und in den Medien diskutiert wird. Es ist eine Vielstimmigkeit der Fernsehstationen und der dort diskutierten Positionen, es gibt bei allen Schwierigkeiten eine öffentliche Meinung, es gibt Gott sei Dank nicht eine Staatskirche, sondern mehrere konkurrierende Konfessionen. Auch wenn die Situation immer noch angespannt ist, auch wenn die Gefahr noch immer besteht, dass das Land einfach die Nerven verliert und destabilisiert wird, man muss doch wissen: Eine Lösung der aktuellen Krise wird nicht durch die Diplomatie allein herbeigeführt werden. Die Frage ist, ob die ukrainische Gesellschaft zusammenhält, ob ihr Zusammenhalt zunimmt oder geschwächt wird, ob sie die Selbstverteidigung der Nation mitträgt oder ob sie resigniert und vor dem militärischen Druck Russlands in die Knie geht, auch ob sie der Demagogie nationalistischer Führer widersteht. Die Entscheidung fällt *on the ground*, vor Ort, nicht in Genf oder Paris oder Minsk. Ich bin natürlich auch für Friedensverhandlungen, die man Minsk I und Minsk II nennt, aber wenn die Beschießung der im Kessel von Debalzewe eingeschlossenen ukrainischen Soldaten durch die sogenannten Separatisten in der gleichen Nacht weitergeht, dann ist klar, dass solche Vereinbarungen nicht helfen.

Minsk I: Damit ist das »Protokoll von Minsk« gemeint, als im September 2014 in der weißrussischen Hauptstadt drei Parteien (Russland, Ukraine, OSZE) einen Friedensplan für die kriegerischen Auseinandersetzungen in der Ostukraine aufsetzten. Dieses Friedensabkommen hielt nur bis Ende des Jahres, als eine weitere Schlacht um den Flughafen in Donezk ausbrach.

Das Abkommen *Minsk II* wurde im Februar 2015 geschlossen, um das brüchige Vorgängerabkommen zu neuem Leben zu erwecken und den Krieg in der Ostukraine zu beenden. Verhandlungsteilnehmer waren François Hollande, Angela Merkel, Wladimir Putin, Petro Poroschenko und Alexander Lukaschenko. Unterzeichnet wurde *Minsk II* von Leonid Kutschma für die Ukraine, Botschafter Michail Surabow für Russland, den Donezker Milizenführern sowie von Heidi Tagliavini für die OSZE. Bereits kurz nach der Unterzeichnung der Vereinbarung setzten prorussische Kämpfer zum Sturm auf den Ort Debalzewe an, womit das Abkommen gebrochen war. Die Waffenruhe blieb auch in den Monaten nach der Unterzeichnung brüchig; der verabredete Abzug schwerer Waffen wurde nur teilweise vollzogen.

Russland muss nur die Grenzen schließen und die Waffenlieferungen in die von Separatisten besetzten Städte einstellen – der Krieg wäre zu Ende. Aber Russland will das nicht nur nicht, sondern behauptet, es führe gar keinen Krieg – allen Beweisen zum Trotz. Timothy Garton Ash hat im *Guardian* richtig geschrieben: »Putin must be stopped. And sometimes only guns can stop guns.« Die Diplomatie, die dem Angreifer sagt, sie wolle nichts als »den Dialog fortsetzen«, geht dem Aggressor auf den Leim und gibt den Angegriffenen – hier die Ukraine – preis. Diplomatie, die zeigen will, wie ernst es ihr ist, muss auch zeigen, dass sie sich zu wehren weiß. Anderswo – in Polen, im Baltikum, in Großbritannien, in Amerika – sieht man das realistischer, wenn man Ausbildung, Logistik und Waffenlieferungen für die Selbstverteidigung der Ukraine nicht ausschließen will. Die Europäer tun sich schon schwer, die Sanktionen gegen Russland durchzuhalten – keine geringe Aufgabe für einen so großen Haufen!

Irina Scherbakowa und ich haben ja eine Menge an Erfahrungen gemacht und viel davon erzählt und darüber geschrieben. Für mich ist aber eines ebenso wichtig: Es gibt so etwas wie die Kostbarkeit des Augenblicks, von dem man ein Leben lang zehrt und aus dem man Zuversicht schöpft, dass es weitergeht. Für mich war solch ein Augenblick natürlich die Perestroika. Bei der Ansprache, die Boris Jelzin nach dem Sieg über den Putsch im August 1991 gehalten hat, da hatte ich dieses Gefühl einer großen Gewissheit, dass der Umbruch gelingen könnte. Ich war zufällig in Moskau, und diese Sicherheit, mit der er alle Bürger als »russländische Bürger«, »Staatsbürger Russlands« angesprochen hat, daraus speiste sich auch in mir alle Zuversicht, dass es klappen könnte.

Wenn ich mir heute das Land ansehe, dann bekomme ich dennoch manchmal den Eindruck von einer totalen Erschöpfung, und ich weiß nicht, wie sich das Land von dieser jemals wieder erholen kann. Wenn man zum Beispiel an Orte wie Kimry an der Wolga, nur eine Zugstunde von Moskau entfernt, kommt, Orte, die so erschöpft und verwüstet wirken, menschlich wie physisch, hat man den Eindruck, dass es keine Hoffnung gibt. Kimry war im Zarenreich das Zentrum der russländischen Schuhindustrie und berühmt für seinen Reichtum und seine Jugendstil-Holzarchitektur. Als ich es mir jetzt angesehen habe, war ich schockiert. Ich besuchte eine verlassene, von Brandstiftungen ruinierte Stadt, in der viele dieser wunderbaren Jugendstilhäuser ausgebrannt oder verfallen sind. Angesichts dessen fragt man sich unwillkürlich: Wo soll die Kraft eigentlich herkommen, um dieses Land wieder auf die Beine zu bringen?

Noch deutlicher zeigte sich der Unterschied für mich an der Grenze zwischen Russland und China. Auf russischer Seite die Stadt Sabaikalsk: eine Tragödie. Es gab kein Licht, kein Wasser, keine Toiletten, es fehlte am Elementarsten. Dann übertritt man die Grenze und kommt in die chinesische Stadt Manjur. Dort schießen die Wolkenkratzer in die Höhe und man kann nur noch staunen. Dieser krasse Unterschied diesseits und jenseits der Grenze nimmt einen sogar physisch mit. Da ich aber von Haus aus ein Optimist bin, ich kann es nicht ändern, glaube ich, dass sich Dinge zum Besseren wenden können, auch wenn es momentan allem Augenschein nach nur wenig Anzeichen dafür gibt.

Mensch und Macht

IRINA SCHERBAKOWA: Russische Macht war und ist immer an Personen gebunden, weil die Institutionen zu schwach waren und sind. Es gibt eine sehr starke paternalistische Tradition und Abhängigkeit vom starken Staat und einer starken Figur, die diesen Staat verkörpert. Und es werden vor allem Personen verehrt, die autoritäre Macht darstellen. Die Macht ist dann stark, wenn man vor ihr Angst hat. Reformer wie Chruschtschow oder Gorbatschow sind, milde gesagt, unbeliebt. Aber in der Zeit der Perestroika und in den 1990er-Jahren hatte man die Hoffnung, dass die Demokratie sich doch weiterentwickeln und festigen würde, d. h., die Macht nicht mehr an Personen gebunden sein würde. Aber die Enttäuschung durch die Reformen, die Angst vor neuen Turbulenzen, die fehlende Erfahrung, dass Menschen, die Interessengemeinschaften bilden, in der Zivilgesellschaft etwas bewirken können – das führte zu einer Kehrtwendung in der Demokratisierung. Im ersten Jahrzehnt dieses Jahrhunderts hat sich in Russland diesbezüglich viel verändert. Man hat Putin unterstützt, gerade weil er den starken Staat, die Stabilität und die Nichteinmischung des kleinen Mannes in die Politik verkündete. Und so tauchten auch die Symbole der starken Macht wieder auf – erst Peter der Große und dann, als sich die Propaganda von der demokratischen und »westlichen« Wertewelt löste, Stalin – zum ersten Mal nach vielen Jahrzehnten. Nun schlägt das Pendel dieser Machtkonstellation zurück, und zwar sehr heftig. Denn von den demokratischen Instrumenten wie freien Wahlen oder einem funktionierenden Rechtsstaat ist kaum etwas geblieben. Deshalb werden alle Erwartungen und Ängste auf die Person Putin projiziert, alle Hoffnungen werden auf ihn gesetzt, genauso wie früher auf den Zar oder auf Stalin. Putin hat die demokratischen Elemente erst beschädigt, dann beerdigt, und heute sind die Menschen wieder auf sein Wohlwollen angewiesen. Auch in den Massenmedien, die ja verstaatlicht sind, wird ein regelrechter Kult um seine Person aufgebaut – ein unglaublich kitschiger dazu, indem man seine Sportlichkeit und körperliche Stärke zur Schau stellt, und das schon seit Jahren. Das alles geschieht mit einem antiwestlichen Pathos.

Ich glaube, dass die heutige Macht in Russland wirklich davon überzeugt ist, dass es auch im Westen keine Zivilgesellschaft gibt, dass diese nur eine Attrappe, nur Schein ist. Die persönlichen Freundschaften

Putins mit westlichen Politikern wie Berlusconi und Schröder waren von einem starken populistischen Beigeschmack gefärbt. Vielen Menschen ist der Zynismus bewusst, mit dem Schröder die lupenreine Demokratie in Russland unter Putin pries. Das hat das Gefühl hinterlassen oder gar bestätigt: Auch Europa ist käuflich. Auf jeden Fall hat diese Geschichte das Ansehen Europas in Russland nicht gerade gesteigert. Ich glaube sogar, Putin ist von dieser Käuflichkeit überzeugt. Seine Politik funktioniert ja häufig mittels Geld: in Russland sowieso, aber auch international. Danach hat er sein Handeln konsequent ausgerichtet. Wenn Putin an Europa denkt, verbindet er Macht und Geld miteinander. Ich glaube allerdings auch, dass Angela Merkel gegenüber der heutigen russischen Politik wirklich immun ist.

Aber leider wird die gegenwärtige Politik Deutschlands – und Europas – bei uns derzeit als Feindseligkeit gegenüber Russland empfunden. In den Deutschen sah man bis zuletzt keine Feinde, im Unterschied zu Amerika, aber jetzt gehört auch Deutschland zum »bösen Westen«, der den Russen nur schaden will. Das zeigte sich in der aggressiven Rhetorik am Vorabend des 9. Mai 2015 – als man auf Autos in Russland Sprüche wie »Nach Berlin!« lesen konnte.

KARL SCHLÖGEL: Über das deutsche Russlandbild und den deutschen Blick auf die Russen sind ja ganze Bibliotheken geschrieben worden. Nirgends gibt es eine so überbordende Literatur zur »russischen Seele«, die bis in die letzten Falten hinein ausgeleuchtet und reflektiert worden ist. Lew Kopelew und sein Team haben im »Wuppertaler Projekt« der »West-östlichen Spiegelungen« zuletzt ein vielbändiges Werk dazu vorgelegt. Alles ist durchgearbeitet worden, alle Epochen, alle Genres, alle Klischees und Stereotype. Dass damit landläufige Meinungen vom Russen – im Kollektivsingular – erledigt wären, lässt sich nicht sagen. Eine ganze Wissenschaftsdisziplin hat sich mit Feind- und Freundbildern, mit »dem Anderen« beschäftigt. Darin finden sich sympathische und menschenfeindliche, viele von erstaunlicher Kontinuität. Der »russische Bär«, das Klischee vom bald duldsamen, bald grausamen Menschen, das sympathische Bild von der Kindlichkeit des russischen Gemüts, dann wieder von seiner Unberechenbarkeit. Und wer wüsste nicht, was mit dem Begriff des »Untermenschen« von Deutschen in Russland angerichtet worden ist. Andererseits ist es falsch, von einer generellen Russophobie zu reden. Es gab immer eine starke Strömung deutscher Russophilie – Gerd Koenen hat das in seinem Buch zum deutschen »Russland-Komplex« ja im Detail gezeigt. In der Zeit der Perestroika und der Wiedervereinigung konnte man eine regelrechte Euphorie beobachten, alle waren beflügelt von den schönen Aussichten und einer Art »ewigen Friedens«. Das Bild vom grauen Sowjetmenschen, vom »Homo sovieticus« trat zurück, Tausende Russen waren unterwegs in Deutschland – auf Konferenzen, in den Universitäten, als einfache Touristen –, es gab eine wachsende russische Community, an jedem Zeitungskiosk konnte man russische Zeitungen kaufen – also eine Form der Normalisierung, die man sich in den Zeiten des Kalten Krieges nicht im Traum hatte vorstellen können. In dieses Bild mischten sich dann andere Akzente: die sogenannten »neuen Russen«, die Neureichen mit dem vielen Geld und den schlechten Manieren, die Oligarchen mit ihrem maßlosen, vor allem schamlos zur Schau gestellten Reichtum. Auch eines darf man nicht übersehen: Die Westdeutschen hatten ja in der Regel keinen Kontakt mit Russen, woher sollten sie also ein Bild haben? Die Ostdeutschen hatten mit ihnen gelebt, vor allem in den Garnisonsstädten, es gab – trotz der Kasernenmauern – viel Kontakt und, soweit ich mitbekommen habe, auch ein echtes Mitgefühl für die einfachen Soldaten, die meist ein im Verhältnis zum DDR-Lebensstandard armseliges Leben führten. Es war ein bewegender Augenblick, als die letzten Truppen der sowjetischen Streitkräfte abzogen. Oder ein anderes Moment, das den Westdeutschen fehlt: Zehntausende von DDR-Bürgern haben in der Sowjetunion studiert oder gearbeitet, sie kannten sich dort aus und fühlten sich manchmal dort sogar freier als zu Hause in ihrer eingemauerten Republik. Es gibt also mindestens zwei deutsche »Russenbilder«. Das kam auch wieder zum Vorschein, als man die Pegida-Demonstranten mit ihren Plakaten »Putin, rette uns!« sah.

Was ist das »Russenbild« heute? Ich bin nicht für die laufenden Meinungsumfragen zuständig. Die sagen ja, dass die Angst zurück ist – ein Gefühl der Unberechenbarkeit –, die Mehrheit aber ist wohl der Meinung, dass man verstehen kann, warum Putin so handelt, wie er handelt: Der Westen habe ihn in eine Situation gebracht, in der er nicht anders handeln könne. Diese Erklärung ist zu schön und zu einfach, um wahr zu sein. In meinen Augen ist Putin ein gefährlicher Mann, er hat alles aufs Spiel gesetzt und kaputt gemacht, was in den letzten Jahren passiert ist, um aus den alten Klischees und Vorurteilen herauszukommen.

Zeitenwende

Geschichtsbild und Realität

Von den Deutschen heißt es oft, sie seien Meister der Vergangenheitsbewältigung. Neben aller Anerkennung für den kritischen Umgang, den die Deutschen mit ihrer eigenen Diktatur- und Gewaltgeschichte gefunden haben, schwingt dabei manchmal auch eine leise Ironie mit. Hat die besondere Gründlichkeit, mit der sich die Deutschen der Vergangenheit widmen und gewidmet haben, mit Blick auf Russland und die aktuelle Beziehungskrise zu einer gewissen Betriebsblindheit geführt? Was sagt der Umgang mit der Geschichte über das jeweilige Selbstverständnis in Deutschland und Russland aus?

KARL SCHLÖGEL: Bei uns in Deutschland hat sich ein Geisteszustand festgesetzt, der davon ausgeht, dass alles schon irgendwie läuft. Es fehlt ein Bewusstsein dafür, dass plötzlich etwas Überraschendes passieren könnte, auf das niemand vorbereitet ist. Dafür, dass es plötzlich wieder Krieg gibt, zum Beispiel. Dem kann man nicht ausweichen. Ich habe zwar 1995 in »Go East« angesichts der Jugoslawienkriege geschrieben, dass nach der Herrschaft der Toten über die Lebenden die Kämpfe der Lebenden gegen die Lebenden folgen würden. Aber dass für ganz Europa noch einmal die Frage Krieg oder Frieden gestellt würde, lag jenseits meiner Vorstellungskraft. Der Krieg ist zurück, dazu muss man eine Einstellung entwickeln. Man merkt jetzt, dass das Gespräch, die Diplomatie nicht das letzte Wort hat, sondern derjenige, der die Macht hat, der bereit ist, Gewalt einzusetzen. Gesellschaften müssen, wenn sie den Frieden erhalten wollen, bereit sein, sich zu verteidigen. Das ist eine elementare Tatsache, ja Banalität, aber wir mussten darüber nicht nachdenken, weil es ja das »Gleichgewicht des Schreckens« gab, eine geborgte Sicherheit.

Die militärische Aggression Russlands gegen die Ukraine – manche bestreiten ja, dass es die überhaupt gibt – hat dieser Unbekümmertheit, der Gleichgültigkeit der friedensverwöhnten Gesellschaft einen Schlag versetzt. Das ist gut so. Wir müssen neu nachdenken über die Welt, in der wir leben, in der ein souveräner europäischer Staat angegriffen werden kann, in der die Europäische Union, wie sie sich über viele Jahrzehnte herausgebildet hat, vielleicht auseinanderfliegt. Nachdem man sich in den vergangenen Jahrzehnten fast schon daran gewöhnt hat, dass Europa nach den Kriegskatastrophen endlich zusammengefunden hat, steht in der Ukraine und in Russland gerade alles auf dem Spiel. Sich mit dieser Situation intellektuell und dann vielleicht auch praktisch zu konfrontieren, das wird hierzulande abgewehrt und derzeit ja auch überlagert von der Griechenland- und Flüchtlingskrise – auf all diese Herausforderungen gibt es, man muss nur dem Recycling der Talkshows zusehen, keine überzeugenden Antworten. Man muss aufhören, so zu tun, als wüsste man, was morgen in Russland geschieht, und man muss anfangen, sich auf alle Fälle, auch die Fortsetzung der Aggression, einzustellen.

Im Frühjahr 2014 sagte uns Putin, dass in der Ukraine ein Genozid stattfindet. Darin ist eine solche Maßlosigkeit schon der Sprache, dass man den Eindruck hat, der Mann lebt in seiner eigenen Welt. Alles deutet darauf hin, dass er auf die Integrationskraft von Feindbildern setzt – Amerika als der Dämon, der an allem schuld ist, auch an der selbst verschuldeten Krise im heutigen Russland. Wenn er seinem Land schon keine Perspektive der Entwicklung und Modernisierung bieten kann, braucht er wenigstens Feinde und Siege. Walter Laqueur hat von einer neuen Medienwirklichkeit in Russland gesprochen, er nennt sie Konfabulation. Man muss sich nur das lange Interview ansehen, das Putin zum ersten Jahrestag der Besetzung der Krim im Fernsehen gegeben hat, wie animiert, ja prahlerisch er davon spricht, wie gut und professionell er die Krim besetzt und den Konflikt in der Ostukraine angezettelt hat – was er ein Jahr zuvor noch bestritten hatte. Ein Mann, der so frivol über einen Krieg spricht, den er angezettelt hat, mit inzwischen Tausenden von Toten, zwei Millionen Flüchtlingen, entvölkerten Städten und ruinierter Industrie – was fällt einem dazu ein, außer dass man sich gegen ihn verteidigen muss? Minsk II funktioniert nicht, kann gar nicht funktionieren, solange russische Waffen und russisches Militär über die ukrainische Grenze geschafft werden und – mal mehr, mal weniger – der Krieg in Gang gehalten wird. Man nennt das: Eskalationsdominanz.

IRINA SCHERBAKOWA: In Russland hatte sich seit der Jahrtausendwende ein völlig neues Selbstbewusstsein entwickelt. Denn in der Perestroika-Zeit verschwand der äußere Feind, man sah sich als ein Teil von Europa, laut Gorbatschow dem »gemeinsamen Haus«. Aber die Enttäuschungen, die die marktwirtschaftlichen Reformen gebracht haben, das Empfinden, dass man sehr lange braucht, um ein gleichberechtigter Teil dieser Welt zu werden, erzeugte bei den Menschen ganz andere Gefühle. Dazu kam, dass dieser scheinbare Reichtum durch Öl und Gas bei den Menschen die Vorstellung erzeugte, der Westen sei von uns abhängig.

Aus diesem falschen Gefühl der Stärke entwickelte sich die Haltung: »Der Westen kann uns mal.« Diese Einstellung ist dann schließlich auch politische Wirklichkeit geworden. Doch dann setzte die Wirtschaftskrise ein, das Leben wurde für viele wieder schwerer. Das Geschichtsbild und die Realität passten plötzlich nicht mehr zusammen, und das führte zu zahlreichen

Konflikten auf mehreren Ebenen – in Russland selbst, aber auch im Verhältnis zwischen Russland und seinen europäischen Nachbarn.

Der militante und aggressive Charakter des russischen Nationalpatriotismus in den letzten Jahren begleitete auch die Feierlichkeiten zum 9. Mai 2015. Zum 70. Jubiläum des Kriegsendes empfand ich das als besonders schlimm. Zu einer riesigen Militärparade kam eine ganz offen aggressive Rhetorik hinzu. Da fast keine ehemaligen Verbündeten angereist waren, feierte man fast für sich allein. Dass die Ukraine fehlte, wäre früher unvorstellbar gewesen. Eine Fotoausstellung über die Alliierten wurde in Jekaterinburg verboten. Dann der »patriotische« Kitsch, der überall zu sehen war: Kinder in sowjetischer Militäruniform, bis hin zu Babys, als Panzer dekorierte Kinderwagen, »patriotische« Modeschauen, überall Sankt-Georgs-Bändchen, sogar auf den Hausschuhen, die man extra zum Feiertag produziert hatte.

Die Geschichte des *Sankt-Georgs-Bandes* reicht zurück bis ins 18. Jahrhundert. Seit dem russischen Kaiserreich galt es als höchste militärische Auszeichnung.

Seit dem 60. Jahrestag des Sieges im Zweiten Weltkrieg, dem 9. Mai 2005, wird es wieder vermehrt als Zeichen des Gedenkens verwendet – auch von prorussischen Demonstranten und Aktivisten während der Krimkrise im Frühjahr 2014.

KARL SCHLÖGEL: Die Deutschen haben allen Grund, der sowjetischen Opfer im Krieg gegen Hitler, also auch für die Befreiung der Deutschen von Hitler, zu gedenken. Es gibt kaum jemanden, der nicht versteht, welche Bedeutung der »Tag des Sieges« für die Bewohner der ehemaligen Sowjetunion hat. Aber das Gedenken an die Toten, die Gefallenen, zu benutzen, um eine Aggression gegen das Brudervolk der Ukrainer zu maskieren, das ist eine so ungeheuerliche Steigerung putinscher Propaganda, dass sie schon wieder ins Gegenteil umgeschlagen ist. In Kiew gab es am 8. und am 9. Mai zwei getrennte Gedenkfeiern und Paraden, die der geteilten, der gespaltenen Erinnerung an die Befreiung, die auch eine Besetzung war, Rechnung trugen. Im Museum des Großen Vaterländischen Krieges hoch über dem Dnjepr erfährt man fast alles über die deutsche Herrschaft in Kiew und in der Ukraine, aber im Foyer sind auch Uniformen der im Donbass gefallenen freiwilligen Soldaten, die ihr Land verteidigen, zu sehen. Es ist wahr, dass Putins Medienleute, was den Informationskrieg angeht, einen Vorsprung haben, aber sie treiben es zu toll, um nicht irgendwann von ihren Lügen eingeholt zu werden: Siehe die Bilder des russischen Fernsehens vom gekreuzigten Kind im Donbass. Irgendwann wird Putin die Wirklichkeit einholen, sprich: die im Donbass gefallenen russischen Soldaten, die es angeblich gar nicht gibt.

Beziehungskrise

IRINA SCHERBAKOWA: Wir müssen uns bewusst machen, dass Europa als politischer Raum weder nach Osten noch nach Südosten klar umrissene Grenzen hat. Heute merken wir sogar, dass auch das Mittelmeer uns nicht nach Süden begrenzt – die Flüchtlinge betrachten das Meer ja fast als, wenn auch lebensgefährliche, »Brücke«. Das sind ganz neue Sichtweisen und Erfahrungen, auf die wir uns einstellen müssen – jeder Einzelne von uns und auch das politische Europa.

Die entscheidende Frage lautet doch: Wie positioniert sich Europa? Will – und kann – Europa etwas gegen die Entwicklung in der Ukraine tun? Wie positioniert sich Europa gegenüber Russland? Die Ukrainepolitik und der Militärkonflikt in der Ostukraine sind das eine. Wenn er sich nicht friedlich lösen lässt, wäre es eine Katastrophe. Aber innerrussisch können wir nun ganz deutlich sehen, welche politischen Strömungen derzeit aktiv sind: Es sind neue nationalistische, ja faschistoide Zustände entstanden. Menschen und Schichten, die bisher keine Rolle spielten oder Bedeutung hatten, treten plötzlich ins Rampenlicht.

Das sind die Kräfte, die sich als Anti-Maidan-Bewegung gruppieren: militante Stalinisten, orthodoxe Fundamentalisten, paramilitärische Klubs und Vereinigungen, Menschen, die schon in Tschetschenien, jetzt in der Ukraine auf der Seite der Separatisten gekämpft haben und zurückkehren.

Man hat den Eindruck, sie schießen wie Giftpilze aus dem Boden. Es gibt natürlich auch Gegenbewegungen – man sah das deutlich auf einer großen Demonstration nach dem Mord an dem Oppositionspolitiker Boris Nemzow –, es gibt unabhängige NGOs, die trotz aller Hetze und Schwierigkeiten in Russland arbeiten, aber diese Kräfte sind schwach im Vergleich zu der großen politischen Bewegung des Nationalismus.

KARL SCHLÖGEL: Seit der Annexion der Krim bin ich praktisch ununterbrochen online, um auf dem Laufenden zu bleiben und herauszufinden, was in Russland und in der Ukraine vor sich geht. Wer im Hintergrund welche Fäden zieht, wie das Land tickt und weshalb die Führung Russlands, und besonders der russische Präsident, so agiert: herausfordernd, risikobereit und verhängnisvoll für Russland, aber eben nicht nur für Russland.

Petersburg. Das Laboratorium der Moderne lautet das Werk von Karl Schlögel, das die 300-jährige Geschichte der Stadt als großes gesellschaftliches Experiment erzählt und vor allem die Jahre 1909 bis 1921 in den Fokus nimmt, als in St. Petersburg kulturelle Höchstleistungen stattfanden (Ballett, Literatur, Kunst) und mit der Revolution auch die Weltgeschichte eine neue Wendung bekam.

Es gibt ja Stimmen, die behaupten, dass möglicherweise die Ukraine selbst und eine falsche EU-Politik das Ganze ausgelöst oder provoziert hätten. Ich hingegen bin überzeugt, dass hinter dieser sogenannten Ukrainekrise eher eine russische Krise steckt und dass wir das ganze Reden über die Ukraine verlagern und anfangen müssen, über Russland zu reden. Für mich ist das deutsch-russische Verhältnis, wie wir es bisher kennen, in gewisser Weise zu Ende. Wir müssen im Prinzip ganz neu anfangen. Das heißt nicht, dass alles, was wir gemacht haben, nutzlos oder falsch war. »Petersburg. Das Laboratorium der Moderne«, mein Buch aus den späten 1980er-Jahren, war der Versuch, Petersburg auf die Landkarte der Moderne zurückzuholen, von der es für lange Zeit verschwunden war. Meine Studien über das russische Berlin beleuchten die deutsch-russisch-sowjetischen Beziehungen im »Zeitalter der Extreme« durch das Prisma der russischen Emigrantengemeinde der Zwischenkriegszeit – ein bis heute faszinierendes Kapitel.

Das russische Berlin: Nach der Revolution in Russland flohen viele Menschen in den Westen, viele Tausend davon nach Berlin, wo eine große russische Gemeinde entstand. Im Volksmund kursierte dafür der Begriff »Charlottengrad«. Hier lebten auch zahlreiche Künstler und Schriftsteller, darunter Andrei Bely, Vera Lourié, Vladimir Nabokov und Boris Pasternak.

Mein Buch »Moskau lesen« hat in gewisser Weise Schule gemacht in der Stadtgeschichtsschreibung, und »Terror und Traum. Moskau 1937« ist in fast ein Dutzend Sprachen übersetzt. Nichts davon ist zurückzunehmen.

Aber das Entscheidende ist, dass es uns heute nicht mehr hilft, dass es nicht mehr ausreicht, um die Verhältnisse, wie sie sich jetzt anbahnen, zu erklären und auf die intensiven, auch tragischen Kapitel deutsch-russischer Beziehungen zu verweisen. Beschwörungen dieser Vergangenheit, und sei sie noch so glanzvoll, helfen nicht weiter. Manchmal denke ich sogar, es wäre ein Vorteil, wenn die neue Generation von all dem nichts wüsste, wenn sie alles vergessen und ganz von vorne beginnen könnte. Das geht natürlich nicht. In Deutschland wird ja immer wieder der Gemeinplatz zitiert: »Keine Zukunft ohne Vergangenheit« oder »Wer die Vergangenheit nicht kennt, kann die Gegenwart nicht verstehen und die Zukunft nicht gestalten«. Man könnte aber auch sagen: Um frei für die Bewältigung der Gegenwart zu werden, muss man sich von der Last der Geschichte emanzipieren. Es gibt also womöglich ein Privileg des Vergessens, ein Recht auf Amnesie, wie es der Althistoriker Christian Meier überzeugend am Beispiel der griechischen Antike gezeigt hat, um neu anfangen zu können, um die aktuellen Verhältnisse noch einmal neu zu denken – weg von den Analogien, hin zur Analyse der jeweils konkreten Situation. Doch dazu sind wir gar nicht gerüstet, weder unsere Ökonomen noch unsere Soziologen, nicht unsere Politiker und auch wir Historiker nicht, mich eingeschlossen. Wir bewegen uns eher in Analogieschleifen und schätzen Geistesgegenwart geringer als Geschichtsbewusstsein. Ich hatte einfach nicht für möglich gehalten, dass etwas Derartiges wie in der Ukraine geschehen könnte. Ich konnte mir nicht vorstellen, dass eine so kecke, dreiste und handstreichartige Aktion – ich will nicht sagen »dämonische«, weil es natürlich um eine konkrete Person geht – möglich war und dass ein einzelner Mensch in einem bestimmten Augenblick eine ausschlaggebende Rolle spielen könnte. Wir sind ja alle Sozialhistoriker geworden, wir haben ja alle gelernt, dass es – nach Hegel und Marx – die anonymen sozialen Triebkräfte sind, nicht »Haupt- und Staatsaktionen« oder einzelne Individuen, die die Geschichte bewegen. Als soziologisch aufgeklärter Historiker rechnete auch ich mit den Massen- und Schwerkraftverhältnissen insgesamt, und da traute ich Russland als Land zu, einem solchen Handstreich und einer solchen Demagogie zu widerstehen.

Wir haben schon über die Bedeutung von geschichtlichen Akteuren, auch von persönlichen Beziehungen zwischen ihnen, gesprochen. Natürlich spielen persönliche Beziehungen eine Rolle. Diplomatie hat nicht nur etwas mit Verträgen, Prozeduren und Formalitäten zu tun, sondern damit, ob die »Chemie« zwischen den Akteuren stimmt oder nicht. Das gilt für den Wiener Kongress, für zahlreiche Friedensschlüsse und stimmt heute natürlich auch. Das bestreite ich nicht. Aber es nur an diesen Personen festzumachen, da sträubt sich alles in mir. Dass Helmut Kohl mit seiner Strickjacke sich so wunderbar mit Gorbatschow verstanden hat, war ein Glücksfall und hatte etwas mit der Erfahrung dieser vom Krieg traumatisierten Generation zu tun. Hinzu kam sicher auch, was wir heute als ein *window of opportunity* bezeichnen. Ich kann auch nachvollziehen, dass Gerhard Schröder Wladimir Putin als seinen Freund schätzt, ja liebt. Aber von ihrem Verhältnis und ihren Biografien her allein die Beziehungen zwischen unseren Gesellschaften abhängig zu machen, das widerstrebt mir zutiefst. Und wenn jetzt behauptet wird, dass der Dialog abgebrochen ist, dann ist das einfach falsch. Wir unterhalten uns weiter. Wir begegnen uns weiter. Wer immer sich etwas zu sagen hat in Russland und Deutschland, kann sich treffen, sich austauschen, man braucht dazu keine staatlichen Zeremonien, keine großartigen und aufwendigen Haupt- und Staatsaktionen wie den »Petersburger Dialog«, die mehr mit Symbolpolitik als mit wirklichem Gedankenaustausch zu tun haben. Das Gespräch zwischen den Leuten in Russland und Deutschland, die sich etwas zu sagen haben, gab es vor dem Petersburger Dialog und wird es auch nach ihm geben. Es braucht dazu keine Organisatoren, die daraus ihren Lebensjob machen und ihr Selbstwertgefühl beziehen.

Der *Petersburger Dialog* ist ein deutsch-russisches Gesprächsforum, das 2001 vom damaligen Bundeskanzler Gerhard Schröder und dem russischen Präsidenten Wladimir Putin ins Leben gerufen wurde. Ziel war es, den Dialog der Zivilgesellschaften beider Länder zu fördern. Hauptveranstaltung des Petersburger Dialogs ist die Jahrestagung, die üblicherweise abwechselnd in Deutschland und Russland stattfindet. Mit der Verschärfung der Ukrainekrise und dem Ausbruch des bewaffneten Konflikts in der Ostukraine wurde in Deutschland Kritik am Petersburger Dialog laut; der zentrale Vorwurf lautete, der Petersburger Dialog sei kein unabhängiges Gesprächsforum mehr, weil Kritiker der russischen Regierung dort nicht mehr zu Wort kämen. Als Folge der Kritik und weiterer Auseinandersetzungen wurde die für 2014 in Sotschi geplante zentrale Tagung des Petersburger Dialogs zunächst auf unbestimmte Zeit verschoben. Stattdessen fanden 2014 kleinere Arbeitsgruppensitzungen statt.

Leute wie mich, die ihr Leben lang in Russland unterwegs waren und darin sehr viel investiert haben, gibt es zu Tausenden: Unternehmer, die sich im Land auskennen, »Menschen guten Willens« von Aktion Sühnezeichen, die sich seit Jahrzehnten um die Opfer des Hitler-Krieges in Russland kümmern, ehemalige Austauschstudenten, Hochschullehrer, die Beziehungen zwischen den Universitäten zur Routine haben werden lassen, Musikvereine, Museumsleute, Galeristen, junge Leute, die etwas erleben wollen – ein unendlich großes Feld von Leuten, die eigentlich nur in Ruhe gelassen werden wollen und nicht an irgendwelchen Shows interessiert sind.

Jeder tut, was er kann. Ich bin kein Politiker, ich kann nichts entscheiden, ich kann beschreiben und interpretieren, was ich wahrnehme. Ich kann verdolmetschen, so gut es geht. Vielleicht ist das nicht genug. Ich habe zum Beispiel kein Gefühl für menschliche Abgründe und Kriegsgräuel, sondern sehe mehr die Dinge, die wachsen. Mich interessieren die »Kriechströme«, das Unmerkliche, das sich auf Dauer aber durchsetzt: Bertolt Brechts »Steine auf dem Grunde der Moldau«. Dann ist man für plötzlich hereinbrechende Ereignisse schlecht gerüstet.

Am Grunde der Moldau wandern die Steine
Es liegen drei Kaiser begraben in Prag.
Das Große bleibt groß nicht und klein nicht das Kleine.
Die Nacht hat zwölf Stunden, dann kommt schon der Tag.

Es wechseln die Zeiten. Die riesigen Pläne
Der Mächtigen kommen am Ende zum Halt.
Und gehn sie einher auch wie blutige Hähne
Es wechseln die Zeiten, da hilft kein Gewalt.

Am Grunde der Moldau wandern die Steine
Es liegen drei Kaiser begraben in Prag.
Das Große bleibt groß nicht und klein nicht das Kleine.
Die Nacht hat zwölf Stunden, dann kommt schon der Tag.

»Lied von der Moldau« von Bertolt Brecht

Auch Außenminister Sergej Lawrow ist für mich eine völlig neue Figur im Kontext der diplomatischen Kultur. Das ist ein Typus, den es in der sowjetischen Diplomatie zuvor so nicht gegeben hat. Seine Äußerungen sind eine Form der Infamie, der Verdrehung und dreisten Lüge, die es so in den irgendwie geordneten politischen Verhältnissen der späten Sowjetunion nicht gegeben hat. Natürlich gab es auch früher Propaganda, aber dass Lawrow – als im Frühjahr 2014 in Odessa das Gewerkschaftshaus brannte und viele prorussische Aktivisten ums Leben gekommen sind, ja vom nationalistischen Mob getötet worden sind – dieses tragische Ereignis Völkermord genannt hat oder dass er meinte, die ukrainischen Soldaten, die aus dem Kessel von Debalzewe lebendig herausgekommen waren, seien nun wohlversorgt mit warmen Betten und Duschen, das ist für mich ein neuer Ton, dem wir, die alten braven »Brückenbauer des deutsch-russischen Dialogs«, nicht gewachsen sind. Das ist nicht die Sprache, in der wir uns bisher – wenn auch kontrovers – verständigt haben. Wir müssen uns auf etwas anderes einstellen und uns neu justieren.

In Deutschland, so empfinde ich es, findet eine Auseinandersetzung statt, die zu einer tiefen Spaltung und Verunsicherung in der Gesellschaft führen kann, genauer: schon geführt hat. Auf der Oberfläche ist es der Streit zwischen den sogenannten Russland-Verstehern und Putin-Verstehern einerseits und der Kritik an Putins Politik andererseits.

Mit »Russland verstehen« hat es in den meisten Fällen gar nichts zu tun; es gibt ja nur wenig Leute, die sich im heutigen Russland wirklich auskennen oder die gar wissen, was in Putins Kopf vor sich geht. In Wahrheit gibt es ja gerade einen Mangel an Verstehen. Es geht also um etwas ganz anderes: ob man die Politik Russlands hinnimmt und gar verteidigt oder ob man sie zurückweist und ihr Widerstand leistet. Meist hat dieses Gespräch mit den realen Verhältnissen gar nichts zu tun: Leute reden über die Ukraine, die nie dort gewesen sind. Leute reden nicht über Russland, sondern über »den Westen«, »die Nato«, Amerika vor allem. Viele Talkshows zu Russland haben mit Russland gar nichts zu tun, sondern sind Abrechnungen mit Amerika. Putin ist der Mann, der es den Amerikanern zeigt, der Rächer der Zukurzgekommenen, der Gekränkten und Beleidigten. Er ist die Figur, die alle Ressentiments, die im Schwange sind, auf sich vereinigt: Endlich gibt es jemanden, der es mit den Amerikanern aufnimmt. Der Putin-Diskurs in Deutschland sagt vor allem etwas aus über unser Verhältnis zu Amerika, über einen tief verwurzelten Antiamerikanismus. Auch darüber, wie wir es mit Europa halten. Es gibt hier ja die tollsten Allianzen – von ganz rechts bis ganz links, Vertreter der Linken, die sich im Donbass mit Terroristen fotografieren lassen, und Abgeordnete der Rechtsradikalen und des französischen Front National, die gemeinsam mit der Linken Putin applaudieren. In diesem Kampf um Meinungshoheit spielt die Instrumentalisierung der deutschen Schuldgefühle eine große Rolle. Kritik an der imperialistischen Politik Putins wird als Russophobie und Rückfall in den Kalten Krieg denunziert. Es kommt zu einer totalen Verdrehung der Verhältnisse.

Unsere Aufgabe, die Aufgabe derer, die wir am russisch-deutschen Dialog mitarbeiten, ist es doch, dafür zu sorgen, dass die Dinge beim Namen genannt werden können. Dieses Recht muss verteidigt werden: das Recht des freien Wortes. Irina Scherbakowa hat vorhin ein sehr starkes Wort gebraucht: Aufklärung. Das heißt auch, zu sagen, was der Fall ist.

IRINA SCHERBAKOWA: Natürlich werden die deutschen Schuldgefühle von russischer Seite instrumentalisiert. Aber es gibt Schlimmeres als das. In einem gewissen Sinne reklamiert Putin für sich das Recht, als Mann an der Spitze Russlands dieses Imperium zusammenhalten zu wollen.

In der Auseinandersetzung mit der Ukraine ging es dem Kreml weniger um das EU-Assoziierungsabkommen, das war ein Auslöser, aber nicht die Ursache. Im Grunde war es ganz einfach: Vielen Menschen in der Ukraine ist plötzlich klar geworden, dass es für sie keinen Weg für eine menschliche und offene Zukunft mit Janukowytsch oder mit Russland geben wird. Es war doch sehr beachtlich, wie aus dem angeblichen Chaos so etwas wie eine Solidarität entstand, eine Organisation, eine Alternative – getrieben von dem Gefühl, es nicht länger ertragen zu können. Solche Tage sind äußerst selten in der Geschichte einer Nation. In Russland haben wir sie zum Beispiel im August 1991 erlebt, bei dem damaligen Putschversuch gegen Gorbatschow. Auch wenn diese Gefühle in der Regel von sehr kurzer Dauer sind.

Das Ende des Imperiums

KARL SCHLÖGEL: In Deutschland gab es bis vor Kurzem kein Bewusstsein davon, dass die Ukraine überhaupt existiert. Wenn es ein bleibendes Ergebnis der Ereignisse des Jahres 2014 gibt, dann ist es das Wissen, das Fuß gefasst hat, dass es einen Staat, eine Nation namens Ukraine gibt, die nicht eine Provinz Russlands ist. Vor einem Jahr konnte man in Talkshows unwidersprochen behaupten, »die Russen« in der Ukraine würden unterdrückt, inzwischen hat sich herumgesprochen, dass es russischsprachige Ukrainer gibt, dass die Ukraine ein zweisprachiges Land ist und von einer Diskriminierung des Russischen nicht die Rede sein kann.

Hierzulande wird ständig betont, dass wir Deutsche so viele Verbrechen gegenüber »den« Russen begangen haben. Das ist wahr und das ist tief in unserem Bewusstsein verankert. Aber verschwiegen wird, dass diese Verbrechen an Sowjetbürgern, an den Völkern der Sowjetunion, also auch an Ukrainern, Weißrussen, vor allem aber auch an den sowjetischen Juden begangen wurden. Die sogenannten Russlandversteher verstehen das Einfachste nicht: dass die Sowjetunion nicht nur aus Russland bestand und dass »die Russen« nicht die einzigen Opfer der nationalsozialistischen Verbrechen gewesen sind. Wir müssen diese *Mental Map*, die in den deutschen Köpfen existiert, auflösen, sie ist überholt. Russland ist nicht identisch mit der Sowjetunion. Und auch hier spielt die Kriegserfahrung wieder eine Rolle. Die Kriegsschuld der Deutschen wird hierzulande aus Unwissenheit immer nur auf die Russen projiziert. Dabei wird übersehen, dass die Ukraine neben Weißrussland der Hauptschauplatz des deutsch-sowjetischen Krieges war, die Ukraine war komplett von Deutschen besetzt und ausgebeutet. Dort waren die größten Lager für sowjetische Kriegsgefangene, die man zu Hunderttausenden hat verhungern lassen; von dort stammte die Masse der ins Deutsche Reich deportierten Ostarbeiter; dort waren an Orten wie Babij Jar die Hauptschauplätze der Ausrottung der osteuropäischen Juden. Ich schreibe gerade einen Essay über Kiew, vor dem Krieg eine Millionenstadt. Dort lebten im Herbst 1943 nur noch 180 000 Menschen, das muss man sich mal vorstellen. Wir wissen sehr viel über die Hungerblockade Leningrads, aber kaum etwas über die Situation in Kiew, Charkiw oder Stalino, das heutige Donezk. Die flächendeckende Zerstörung der Industrie im Donbass – übrigens an denselben Orten, die von den Separatisten verwüstet werden –, die Sprengung der Staudämme und Kraftwerke, die Entvölkerung der Krim, die nach Kriegsende und nach Stalins Deportation der Krimtataren praktisch neu besiedelt werden musste – all das kommt im deutschen Narrativ vom »Krieg gegen Russland« gar nicht vor. Und wer interessiert sich in Deutschland schon für den Terror und die humane Katastrophe, die die Ukraine vor dem Krieg erleiden musste: die Hungersnot 1932/33 im Zuge der Kollektivierung, die mehr als 3 Millionen Tote gefordert hat, oder wer spricht von den stalinschen Säuberungen, in denen die nationale Elite vernichtet wurde?

Es waren nicht nur »die Russen«, die gegen Hitler gekämpft haben, und es waren nicht nur »russische Soldaten«, die in den ostdeutschen Kasernen stationiert waren. Das alte Sowjetreich existiert nicht mehr. Aus seiner Auflösung sind souveräne Staaten hervorgegangen, neben der Russländischen Föderation auch die Ukraine. Putin tut sich schwer mit dem Verlust, viele tun sich schwer damit, was ich sehr gut verstehe. Dass die Auflösung eines Imperiums besonders schwierig und schmerzhaft ist, das ist für jeden einsichtig. Ich kann sogar die Aussage Putins über das Ende der Sowjetunion als »größte geopolitische Katastrophe des 20. Jahrhunderts« in einem gewissen Sinne nachvollziehen. Ich kann nachvollziehen, was damit gemeint ist. Man muss sich das vorstellen: Nach dem Ende der Sowjetunion fanden sich mehr als 25 Millionen ethnische Russen außerhalb der Grenzen der Russischen Föderation wieder. Das war für manche – vor allem im

Baltikum – ein Gewinn, für noch mehr aber eine traumatische Erfahrung. Sie mussten ihr Leben gänzlich neu einrichten, sie verloren ihren Status, waren auf einmal Bürger zweiter Klasse, diskriminiert und zu Hunderttausenden aus ihrer Heimat – dem Kaukasus, den zentralasiatischen Staaten – vertrieben, während der russische Staat darauf nicht vorbereitet war. Dieser oft von Pogromen begleitete Prozess einer »wilden Vertreibung« wurde im Westen in den 1990er-Jahren kaum wahrgenommen. Und dennoch: Wir müssen uns gedanklich und politisch endlich auf dieses Ende eines Imperiums einstellen. Es ist vorbei, und die Frage ist, was die russische Führung getan hat und was sie tut, um das Land in den postimperialen Status zu überführen und mit den postimperialen Phantomschmerzen fertigzuwerden.

Es gibt noch einen wichtigen Punkt, wenn man die deutsche Stimmung bezüglich Russland verstehen will: Die Menschen wollen in Ruhe gelassen werden. Wir alle. Auch ich will in Ruhe gelassen werden. Ich habe eine Menge Arbeit, schreibe an einem großen Buch über die Wolga. Putin hat dafür gesorgt, dass ich diese Arbeit im letzten Jahr unterbrach, weil ich jetzt nicht in Ruhe über die Wolga arbeiten kann, obwohl ich mich eigentlich darauf eingestellt hatte, das zum Abschluss zu bringen. Ich musste mich mit der Ukraine beschäftigen. Deshalb muss ich noch mal die Schulbank drücken und Andreas Kappeler und die Arbeiten anderer Ukraine-Spezialisten lesen, ich muss noch mal in die Schule, um zu verstehen, was das eigentlich für ein Land ist, die Ukraine.

Ich meine das in einem ganz buchstäblichen Sinne: ein Nachholen und Lernen. Ich beobachte das bei vielen Leuten in der ja nicht so großen, aber miteinander recht vertrauten Community der Osteuropa-Interessieren, speziell in der *Russian Community*, die seit einem Jahr mit nichts anderem beschäftigt sind, als 24 Stunden online zu sein: Sie lesen in Blogs, Zeitungen, in der *Ukrainskaja Pravda*, hören *Echo Moskwy* und hoffen darauf, dass der Spuk morgen endlich ein Ende hat und wir wieder zur Tagesordnung übergehen können. Es gibt eine große Sehnsucht danach, dass alles doch noch gut endet. Aber so sieht es nicht aus. Und die Geschäfts- und Unternehmenswelt scharrt nervös mit den Hufen, sie kann es gar nicht erwarten, wieder zum *business as usual* zurückzukehren. Aber es wird keine Rückkehr zum Status quo ante geben, solange die russische Aggression anhält oder gar weitergeht.

Wir reden immer von der Destabilisierung Europas. Die Destabilisierung aber zielt auch auf jeden Einzelnen von uns. Wir werden ja pausenlos von irgendwelchen neuen Nachrichten gejagt. Herta Müller hat zugegeben, dass Putin sie krank mache. Ja, so geht es vielen, auch mir. Man hat ein Gefühl der Ohnmacht, dass man an die Wand gespielt wird und eigentlich angesichts seines virtuosen Spiels nichts machen kann. Eigentlich bewundere ich jemanden wie den ukrainischen Präsidenten Petro Poroschenko, dass er noch nicht durchgedreht ist. Diese Situation zu managen, ist enorm schwierig. Und dabei rede ich noch nicht einmal von den Familien, die ihre Söhne oder Ehemänner an die Front schicken, sondern ich rede von uns, die weitab vom Schuss sind und die alle damit beschäftigt sind, intellektuell »nachzurüsten«, sich kundig zu machen, um in einem professionell geführten Informationskrieg bestehen zu können, standfest zu bleiben gegen die Shitstorms und Hasskampagnen, die »Putins Trolle« instrumentieren und lancieren.

Ich halte es für notwendig, dass Leute, denen daran gelegen ist, verstehen, was vor sich geht, wenigstens einmal in die Ukraine fahren und sich umsehen. Ich finde es skandalös, dass Leute über die Ukraine reden, ohne je oder auch in letzter Zeit dort gewesen zu sein. Wer würde sich als Frankreich-Experte befragen lassen, ohne dass er die Sprache des Landes versteht oder ohne dort gewesen zu sein? Es geht nicht ohne Anschauung, wenn man sich ein Urteil bilden will. Ich bin seit dem Frühjahr 2014 nicht in Russland gewesen, weil ich mich vor allem in der Ukraine umgesehen habe, aber auch, weil ich gar nicht wusste, was ich in Russland sagen soll. Es heißt immer, dass man Russland nicht genügend ernst nehme, dass man Russland auf Augenhöhe begegnen soll. Ich verstehe nicht, was damit gemeint ist: Eine große Nation wie die Russen ernst zu nehmen, heißt auch, sie nicht herablassend wie ein kleines Kind oder einen therapeutischen Fall zu behandeln, dem man Streicheleinheiten zukommen lässt. Russland und »die Russen« »auf Augenhöhe« anzuerkennen, heißt auch, anzuerkennen, dass sie eine Verantwortung haben für das, was sie tun oder was in ihrem Namen geschieht. Aber vielleicht ist das Bild selbst schon schief: Mit jemandem, der einen mit der Pistole bedroht, lässt sich schlecht der »herrschaftsfreie Diskurs« führen, der in Deutschland zum Inbegriff einer idealen politischen Kultur geworden ist.

IRINA SCHERBAKOWA: Wie sehr sich die politische Kultur in Russland in den letzten Jahren gewandelt hat, kann man nicht nur an der Aggression gegenüber der Ukraine und an der zunehmend aggressiven Rhetorik insgesamt ablesen. Der Wandel wird auch an einem veränderten Umgang mit dem Erbe der sowjetischen Gewaltgeschichte des 20. Jahrhunderts sichtbar. In unserer Arbeit bei MEMORIAL spüren wir sehr deutlich, dass die Menschen die Geschichte des sowjetischen Terrors, das ganze Unrecht, das Millionen erlebt haben, verdrängen und vergessen. Während der Perestroika und auch noch in den Jahren danach spielte die Aufarbeitung der stalinistischen Gräueltaten eine große Rolle, aber heute ist dieses breite Interesse weitgehend erloschen. Und die Folgen der nicht aufgearbeiteten Geschichte werden immer offensichtlicher: die Schwäche, die Marginalisierung und Zersplitterung der Zivilgesellschaft, die tief sitzende Angst vor den Mächtigen, die Gewöhnung an die Unfreiheit und vor allem die ständige Suche nach irgendwelchen Feinden.

Die Geschichte des Terrors gehört nicht zum nationalen Narrativ. Aber man kann nicht sagen, dass diese Erinnerung im öffentlichen Diskurs nicht existiert, dafür passierte sehr viel in den letzten 25 Jahren. Man hat bisher geheime Archive erforscht, es sind sehr viele Bücher erschienen, auch von westlichen Autoren wie Karl Schlögel und anderen. Inzwischen gibt es auch Denkmäler für die Opfer des Terrors in mehreren Regionen. Auch der Gulag wird in vielen regionalen Museen gezeigt. Doch diese Aufklärungsarbeit ist kein Teil der Geschichtspolitik geworden. Stattdessen breitet sich das Narrativ des »nationalen Stolzes« auf das große Russland aus.

Wir bei MEMORIAL und auch unsere Gleichgesinnten haben dieses nachlassende Interesse wahrgenommen. Es war uns klar, dass Demokratisierung und Modernisierung notwendig sind, dass diese aber ohne endgültige Abrechnung mit dem Stalinismus, ohne Fortsetzung dessen, was in den 1990er-Jahren versäumt wurde, nicht möglich sein würden. In diesem Zusammenhang entstand das sogenannte Programm der »Entstalinisierung«, das von MEMORIAL vorgeschlagen und von den fortschrittlichen Gesellschaftsschichten unterstützt wurde. Das Ziel dieses Programms war die soziale Unterstützung für die Opfer politischer Repressionen, die Errichtung von Denkmälern und Museen, eine juristische Aufarbeitung des kommunistischen Regimes und der freie Zugang zu Archiven. Dieses Programm, das im Jahre 2011 dem russischen Präsidenten

Medwedew vorgestellt wurde, hatte eine heftige Diskussion zur Folge und führte zu Massenprotesten aufseiten der Stalinisten. Am Ende konnten wir uns nicht durchsetzen. Die Regierung hat am Ende nur die Idee eines zentralen Denkmals für die Opfer politischer Repressionen unterstützt und dazu einen Wettbewerb ausgeschrieben. Gleichzeitig plädieren die Kommunisten dafür, dass das 1991 abgerissene Denkmal für Felix Dserschinski, den Gründer der sowjetischen Staatssicherheitspolizei Tscheka, in Moskau zurück auf den Platz vor der Ljubjanka gebracht werden soll. Und neue Stalin-Denkmäler sprießen wie Pilze aus dem Boden. Sogar ein Stalin-Museum in Rschew ist eröffnet, wo Stalin 1943 das einzige Mal an der Front war.

Nach der Annexion der Krim schickte mir ein Kollege eine Mail mit den Worten: »Wir haben verloren.« Daran ist etwas Wahres: Die aufklärerischen und demokratischen Kräfte haben sich nicht durchgesetzt, sondern die traditionalistischen, aggressiven. Warum ist das so gekommen? Wo war der Wendepunkt? Wir kommen nicht umhin, darüber nachzudenken. War das der Tschetschenienkrieg damals? Mit diesem Krieg ist Putin doch an die Macht gekommen. Waren es Manipulationen bei den Wahlen zur Jelzin-Zeit? Kurzsichtigkeit und Ignoranz der Reformer, sozialer Egoismus und Kampf um die Macht von Oligarchen in den 1990er-Jahren? Ich frage mich heute, ob und wie man das hätte verhindern können.

Was tun?

IRINA SCHERBAKOWA: Man muss sich überlegen, wo man die Grenze zieht. Viele Menschen gehen in solchen Zeiten in die Emigration oder ziehen sich aus der Öffentlichkeit zurück. Für uns stellt sich die Frage: Wie können wir weiter in Russland arbeiten? Wir sind der Meinung, dass auch die kritischen 15 Prozent in der Bevölkerung eigentlich nicht wenig sind. Was der Westen, was die Deutschen jetzt tun können, ist gar nicht so einfach zu sagen. Ich glaube, dass das wenige, das man tun kann – und ich meine damit die deutschen Journalisten, die NGOs, die Menschenrechtler –, ist, nicht »Russland zu verstehen«, in einem rechtfertigenden Sinne. Man muss sich stattdessen ganz konkret damit beschäftigen, was im Lande passiert, und darüber in Deutschland berichten. Das machen bereits viele. Auch Karl Schlögel ist ja jemand, der viel reist und sich die Dinge genau anschaut – und sie dann mit großer Kenntnis und Kunst beschreibt. Man muss die Menschen, die sich das nicht mit eigenen Augen anschauen können, eben sehend machen, sehend machen durch unser Schreiben. Insgesamt aber bleibt doch eine große Frage für uns als russische Staatsbürger: Was sollen, was können *wir* tun?

KARL SCHLÖGEL: Es ist immer schwierig, einen Ton und eine Sprache zu finden für das, was vor sich geht, was passieren wird. Man kann sich natürlich alles

Mögliche zurechtlegen und zurechtwünschen, aber genauso wenig wie wir im Februar 2014 wussten, was in der Ukraine passieren würde, oder am Vorabend des 11. September 2001 in den USA, wissen wir heute, was morgen sein wird. Zu lernen, dass man die Balance vor allem in Situationen behalten muss, die ganz neu über einen hereinbrechen, ist enorm schwierig, für uns alle. Ich bin ja nicht dafür bekannt, Pessimismus zu predigen oder apokalyptische Bilder an die Wand zu malen. Ich wünsche mir, dass wir uns Rechenschaft darüber ablegen, woran man ist und wo man steht. Unsere Situation in Deutschland ist, was den öffentlichen Diskurs angeht, ganz unvergleichbar mit der russischen Situation. Wir leben in einer nach wie vor komfortablen, relativ entspannten, pluralen Öffentlichkeit.

Dennoch ist zum Beispiel die Frage, was der Westen und was Europa heute ist und was aus ihnen werden wird, alles andere als einfach zu beantworten. Es ist keine akademische Frage, sondern eine, die uns das Leben aufzwingt. Es ist heute völlig unklar, was im nächsten Jahr in der Ukraine oder in Europa los sein wird. Ob die EU an der Frage, wie sie sich zu Russland und zur Ukraine stellen soll, zerbricht, ob sie die Griechenlandkrise übersteht, ob die Europäer angesichts von Terrordrohungen und einer Flüchtlingsbewegung ganz neuen Ausmaßes die Nerven behalten, die vielen Krisen, die zu einer großen Krise zusammenkommen können, aushalten, daran zerbrechen oder vielleicht sogar daran wachsen. Das erfordert eine geistige Haltung, ein waches Gegenwartsbewusstsein, das die Pfade der eingespielten Rhetorik hinter sich lässt.

Man muss sich eingestehen, dass es in Europa wieder Krieg gibt. Man muss sich eingestehen, dass sich Konflikte nicht immer im Gespräch beenden lassen. Wir haben diese Erfahrung schon in Jugoslawien gemacht. Das war der Ernstfall, in dem die Europäer total versagt haben. Es hat mit Slobodan Milošević begonnen und endete im Massaker von Srebrenica. Und nun, in der Krise um die Krim, im Donbass, auch da hat Europa versagt. Ich weiß keinen Rat, wie man jenseits von Minsk II, das ganz offensichtlich nicht funktioniert, nicht funktionieren kann, agieren soll. Ich weiß nur, dass derjenige verloren ist, der die Augen davor verschließt, dass es einen Akteur gibt, der nicht daran denkt, die Abmachungen einzuhalten, und der ein Interesse an der Einmischung in die inneren Angelegenheiten der Ukraine hat. Ein anschauliches Beispiel dafür, dass solche Diplomatie scheitern kann, ist München 1938, ein Abkommen, das nicht den »Frieden für unsere Zeit« gesichert, sondern Hitler den Weg in den Krieg geebnet hat. Und um gleich den erwartbaren Einspruch aufzunehmen: Jedes Kind weiß, dass vergleichen nicht gleichsetzen ist und dass man nicht in Analogiefallen tappen darf. Ich spreche von der verständlichen Neigung, sehr lange die Augen zu verschließen und Entscheidungen hinauszuschieben und zu vermeiden.

Wir müssen uns offensichtlich aus der Komfortzone der wohlgeordneten Verhältnisse der Nachkriegszeit verabschieden, die ohnehin nur einer bestimmten Konstellation zu verdanken war, der Vormacht zweier Supermächte, der Symmetrie der Abschreckung usw. In dieser Zeit wurden wir Deutschen, was die Sicherheit in Europa betrifft, nur wenig gefordert. Wir konnten uns auf unser Wirtschaftswunder konzentrieren, weitermachen wie bisher, um Frieden haben sich vor allem andere gekümmert. Wir Deutschen sollten uns nicht allzu viel einbilden. Ich habe selbstverständlich kein Rezept für die genannten Krisen, ich weiß nur, dass ein Zustand definitiv zu Ende ist und wir uns auf eine neue Realität einstellen müssen. Aber selbst diese beim Namen zu nennen, erfordert heute zuweilen Zivilcourage.

IRINA SCHERBAKOWA: Vielleicht müssen wir uns aber auch damit abfinden, dass wir eine glückliche Generation waren, die, ganz anders als unsere Eltern, in einer friedlichen Welt ohne Krieg und »Großen Terror« lebte, in der nach der großen Katastrophe des 20. Jahrhunderts eine gewisse humanistische Tendenz vorherrschte. Sogar in der Sowjetunion war es nicht möglich, einen neuen Krieg und Fremdenhass derart propagandistisch heraufzubeschwören. Wir erlebten dann auch noch die Perestroika, das Ende des Kalten Krieges und den Untergang der kommunistischen Regime. Das war ein Glücksfall in der Geschichte. Vielleicht müssen wir erkennen, dass wir heute in einer anderen Realität leben. Vielleicht sind jetzt wir an der Reihe.

KARL SCHLÖGEL: Genau, jetzt sind wir an der Reihe – ich gebrauche dieses »Wir« in einem diffusen und doch generationsspezifischen Sinn. Denken wir nur an das vergangene Jahr mit seinem Jubiläum »100 Jahre Erster Weltkrieg«. Das war auf eine gewisse Weise betörend, wie man sich dem hingeben konnte, sich die Situationen von damals noch einmal zu vergegenwärtigen, während sich hinterrücks eine neue reale und bedrohliche Situation aufbaute. Wir haben viel – auch ich – in den Diskussionen darüber gesprochen, dass vor hundert Jahren fast alle Beteiligten »Schlafwandler« waren, die – so die These in Christopher Clarks Bestseller – hineingeschlittert sind in den großen Krieg, der erst im Nachhinein als »Urkatastrophe des 20. Jahrhunderts« kenntlich wurde und in dem ein Mangel an Kommunikation zwischen den Staatsmännern Europas eine verheerende Rolle gespielt hat.

Aber der Mangel an Kommunikation war doch nicht das Hauptproblem des Ersten Weltkriegs. Und auch heute ist das Problem nicht mangelnde Kommunikation, sondern etwas anderes. Es geht um Macht, um ganz elementare Dinge, die man beschreiben können muss, aber das tut man nur, wenn man gefordert ist, und ich behaupte jedenfalls für mich als Historiker, vielleicht auch für manche in meiner Zunft, dass wir bestimmte Dinge einfach nicht gemacht haben, dass wir bestimmte Prozesse und Erscheinungen »übersehen« haben. Wir haben unsere Arbeit gemacht, unsere Agenda abgearbeitet, und auf dieser Agenda standen nach dem Totalitarismus die Sozialgeschichte, dann die Kulturgeschichte, dann die Mentalitätsgeschichte und schließlich die Erinnerungsorte und jetzt vielleicht die transnationalen Aspekte von Geschichte. Während wir sehr eifrig und wohl auch gut die Agenda abgearbeitet haben, ist die Wirklichkeit in unsere Arbeit und unser Leben eingebrochen. Es gibt ja nicht nur die Ukrainekrise, es gibt auch den Dschihad, die weltweiten Migrationsströme und anderes. Hätten wir, die für Russland und Osteuropa »zuständigen« Historiker, nicht wachsamer sein können? Hätten wir nicht ein stärkeres Gespür für die Entwicklungen im postsowjetisch-postimperialen Raum, für die regionalen und nationalen Sonderwege haben müssen, und hätten wir nicht sensibler auf die Wirkmächtigkeit von Ideen und ideologischen Strömungen reagieren müssen, die mit einem Mal in aller Munde waren, wie das Konzept der »Russischen Welt« (Russki Mir) oder der Neo-Eurasismus?

2007 gründete Wladimir Putin eine Stiftung mit dem Namen *Russki Mir – Russische Welt*. Diese sollte die russische Sprache und Kultur im Ausland, v. a. in den ehemaligen Sowjetstaaten, fördern. Beeinflusst vom Panslawismus, entwickelte die Bewegung eine eigene Dynamik und nahm Einfluss auf die Politik, v. a. in der Ukraine. Die Idee der *Russki Mir* stellt dem Westen eine politisch-ideologische orthodoxe Kraft unter der Führung Russlands konfrontativ gegenüber. Die Ukraine – ohne das »nationalistische Galizien«, also die Westukraine mit Lviv als Zentrum – ist in dieser Anschauung Teil der *Russki Mir*.

Ist es nicht eine erschreckende Situation, dass Putins Russland plötzlich als der Verteidiger der »traditionellen Werte Europas« auftritt und zur Sammlung all der Kräfte aufruft, die den »dekadenten«, liberalen, laizistischen Westen ablehnen? Können wir ausschließen, dass es nicht auch in Deutschland einen Resonanzboden für einen »orthodoxen Dschihad« gibt und für eine Sammlung der russischen Diaspora um die Idee der »Russischen Welt«? Man muss nur durch manche Viertel in deutschen Städten gehen, wo die russische Flagge – manchmal auch die der »Donezker Volksrepublik« – vom Balkon weht und in der russlanddeutschen Parallelgesellschaft rund um die Uhr die Moskauer Fernsehprogramme laufen. Wer wollte bestreiten, dass es in Zeiten wachsender Verunsicherung ein Bedürfnis nach spiritueller Orientierung gibt und dass es in einer nach Millionen zählenden Diaspora, die Russland verlassen hat, auch viele gibt, die in ihrer alt-neuen Heimat Deutschland – sprachlich, mental und sozial – nie angekommen sind und sich ohne große Schwierigkeiten der »Russischen Welt« zuzurechnen bereit sind?

Wir waren einfach nicht darauf gefasst, dass Russland als politische, militärische und geistige Macht plötzlich den Kampfplatz betritt, um sich als Verteidiger der konservativen, ja konservativ-orthodoxen Welt in Szene zu setzen. Wir hielten uns immer noch mit Analysen der »postsowjetischen Welt« und des »Postkommunismus« auf, während die Spindoktoren und einige Intellektuelle längst an der »russischen Idee« und an der »Russischen Welt« arbeiteten. Am Ende der Sowjetunion setzte eine Suchbewegung ein, die Antwort auf die elementare Frage geben sollte: Wer sind wir, die Russen, nach dem Ende des Kommunismus, nach dem Auseinanderbrechen der Sowjetunion? Orientierung wurde gesucht vor allem in der vorrevolutionären Geschichte Russlands, man fand sie vorwiegend im nationalistischen und autoritären Spektrum. Es ist kein Zufall, dass die alte Losung von der Dreiheit »Volk, Orthodoxie, Selbstherrschaft« reaktiviert wurde. Diese und ähnliche Losungen nahmen das elementare Bedürfnis nach einer neuen, selbstbewussten russischen Identität auf. Die »russische Idee« oder »Russische Welt« heute ist ein sehr vages, elastisches Konzept. Bald ist diese Begrifflichkeit schlicht Ausdruck einer Identitätssuche, bald ist sie der Name für Kulturdiplomatie im Ausland – so wie es auch eine frankophone oder amerikanische Kulturdiplomatie gibt –, eine Art russisches Goethe-Institut. In den letzten Jahren und im Munde Putins hat sie allerdings eine neue, ja militante Bedeutung bekommen: Hier werden alle, die in irgendeiner Weise mit Russland, mit seiner Kultur und Sprache verbunden sind, als »Russen« definiert und die Russische Föderation als die Interessenvertretung von »Russen«, gleich wo sie sich befinden, begründet. Staatsbürger etwa der Ukraine oder Lettlands gelten in dieser Lesart, wenn sie russischer Herkunft sind oder sich der russischen Sprache bedienen, als »Russen«. Dies ist nichts anderes als ein gefährliches, weil irredentistisches Konzept, das die Einmischung in die inneren Angelegenheiten von Staaten mit russischsprachigen Bürgern legitimiert. In vieler Hinsicht erinnert dies an die Instrumentalisierung von Volksdeutschen in den osteuropäischen Staaten der Zwischenkriegszeit durch die Regierungen zuerst der Weimarer Republik, dann des Dritten Reiches. Die Argumentation lautete damals: Wo Deutsche leben und Deutsch gesprochen wird, ist Deutschland. Das Ergebnis – das Umstoßen der territorialen Ordnung Europas – ist ebenfalls bekannt.

IRINA SCHERBAKOWA: Das ist eine im Kern aggressive, nationalistische Ideologie, die viel in den Raum stellt, ohne konkret zu werden. Sie ist deshalb sehr gefährlich, weil sie historische und ideologische Vorstellungen miteinander verknüpft, die so nie bestanden haben und auch heute nicht bestehen. Da wird proklamiert, dass Russland nichts Gemeinsames mit dem Westen hat, dass dem Land ein Sonderweg zusteht, dass Russland nur dann stark war, wenn der Staat ein autoritärer war, und dass die Liberalen und Demokraten an allem schuld sind. Schon Peter der Große wird jetzt als Westler gesehen und gegen Iwan den Schrecklichen »ausgetauscht«. Es ist eine Kampfansage gegen die Moderne, in der Kunst, im Theater, im Film. Und natürlich auch in der Bildung. Das merken wir auch im Schülerwettbewerb: die antiwestlichen Stimmungen, die Glorifizierung des starken Staates, des Zarenreiches, der Stalindiktatur. Beinahe sieht es so aus, als habe Russland alle Kriege, die es geführt hat, gewonnen – auch den Ersten Weltkrieg, zumindest beinahe, wenn nicht der »Dolchstoß«, der Verrat der Kommunisten, geschehen wäre.

KARL SCHLÖGEL: Diese Geschichtsarbeit ist unverzichtbar, aller Mühen wert, und ich habe ja einige dieser Bände auch gelesen. Die Verteidigung eines offenen und pluralen Geschichtsraums in Russland ist alles andere als selbstverständlich und verlangt viel Einsatz. Ich wollte nur hinzufügen – auch *pro domo sua* –, dass Geschichtsarbeit nicht dazu führen soll, dass sie an die Stelle der Auseinandersetzung mit der Gegenwart tritt, gleichsam als Kompensation für eine unendlich komplizierte, unübersehbare Gegenwart. Manchmal hat man ja den Eindruck, dass man sich auf dem Felde der Vergangenheit besser auskennt und sich wohler fühlt als auf dem Feld unserer Gegenwart. Einen

Weg zu finden zwischen Geschichtsvergessenheit und Geschichtsversessenheit, also zwischen Flucht aus der Vergangenheit und Flucht in die Vergangenheit, ist eine überaus komplizierte Gratwanderung.

Aber ich möchte noch einmal auf die »Russische Welt«, auf »Russki Mir« zurückkommen. Die Suche nach einer neuen russischen kulturellen Identität ist nicht nur naheliegend, sondern nach einem solchen geschichtlichen Bruch wie dem Ende der »sowjetischen Welt« unausweichlich. Die Frage ist: Welche Kultur, welche russische Welt, welche Werte meint man? Und hier findet ein Kampf um Definitionshoheit, um »kulturelle Hegemonie«, um den alten Begriff von Antonio Gramsci zu benutzen, statt. Wer könnte bezweifeln, dass es eine große russische Kultur gibt?

Alexander Puschkin, Leo Tolstoi, Fjodor Dostojewski, Anna Achmatowa, Boris Pasternak, Ossip Mandelstam, Dmitri Schostakowitsch, Alexander Solschenizyn – aber warum sollen wir das im Zusammenhang mit Putins Krieg diskutieren? Es gibt – wie überall auch – das eine und das andere Russland. »Der« Russe, »die« russische Kultur – es gibt, wie überall auch, ganz unterschiedliche Strömungen und Repräsentanten. Die einen sind von den Romanows fasziniert, die anderen von Alexander Herzen, die einen bewundern das Imperium, die anderen den verzweifelten Kampf der Intelligenzija.

Alexander Herzen (1812–1870) war ein russischer Philosoph und Publizist, der 1834 verhaftet und 1835 nach Sibirien verbannt wurde. Er war befreundet mit russischen Intelligenzlern wie Wissarion Belinski oder Michail Bakunin. Nach der Emigration in den Westen im Jahr 1847 engagierte er sich für die demokratischen Bewegungen in Polen und Russland. Er gründete zahlreiche bedeutende Zeitschriften und übte einen großen Einfluss auf die Kreise der »Westler« aus, die für eine Ausrichtung der russischen Politik nach Westen eintraten und in Opposition zu den »Slawophilen« standen. Herzen trat für einen eigenen russischen Weg ein, der die westlichen Werte mit dem russischen Gemeinschaftssinn des »Mir« (Welt, Gemeinschaft) verbinden sollte.

Es gab Zeiten, in denen, wie Nietzsche sagte, in Sankt Petersburg zu erfahren war, was mit Europa passieren wird. Es gab ein russisches Silbernes Zeitalter, das nach ganz Europa ausstrahlte, und es gab eine Avantgarde, die stilbildend für ihre Epoche war. Russland, das auf seine Soft Power setzen konnte und nicht auf Gewalt und Militär – auf Figuren wie Sergei Djagilew und sein Ballets Russes, auf Igor Strawinsky und Vladimir Nabokov. Selbst im Politischen gilt das. Es ist nicht wahr, dass Russland »seit jeher« zu Zarenkult und Unterwürfigkeit verurteilt war, es stimmt nicht, dass es nie eine demokratische Tradition gegeben hat – wie man uns zuweilen in den Talks über die Eigenheiten »des« Russen und der »russischen Seele« weismachen will. Die

Frage ist, warum Putins Russland heute nicht so sehr an Traditionen der Selbstverwaltung, die es im späten Zarenreich gegeben hat und die dem Land einen beispiellosen Aufschwung ermöglich haben, anknüpft, sondern eher an die Linie einer korrupten Bürokratie, an Machtvertikalen und geheimpolizeilicher Überwachung. Es hat immer einen großen Zauber der russischen Kultur gegeben. Das gilt auch heute, ob es Putin und seinen Leuten gefällt oder nicht.

Neue Generationen

KARL SCHLÖGEL: Das Wichtigste für die, die heute Brücken bauen wollen, ist das persönliche Interesse, die Motivation. Es geht ja nicht darum, dass und wie man berufsmäßig zum Brückenbauer oder zum Aktivisten der Verständigung wird. Man braucht einen inneren Antrieb, der einen inspiriert, begeistert, ein vielfältiges Interesse. Darüber haben wir eingangs bereits gesprochen. Wir haben uns ja nicht engagiert und gearbeitet, um irgendjemanden aufzuklären, zu missionieren oder gar zu retten. Wir haben all das, was wir gemacht haben, getan, weil wir selbst etwas davon hatten, einen unermesslichen intellektuellen und menschlichen Gewinn. Für mich war dieses östliche Europa einfach eine große Entdeckung, die mich über meine kleine Welt hinausgeführt hat. Es war zeitweilig auch der Projektionsraum für allerlei Wünsche, Sehnsüchte, ein Raum auch, in dem Konflikte ausgetragen werden konnten. Für die meisten von uns bedeutete es und bedeutet es noch immer, die Erfahrungen anderer zur Kenntnis zu nehmen, sich mit ihnen zu verständigen, auch sich selbst klar zu werden. Von daher sind diese Verbindungen eine ungeheure Bereicherung. Das ist wie bei jeder Bekanntschaft mit einer anderen Kultur, mit einem Menschen, der einen anderen Hintergrund, eine andere Erfahrungswelt mit sich bringt: Man lernt unglaublich viel. Irgendwann stellt sich dann vielleicht auch die Frage, ob man sich nicht ein Leben lang am falschen Ort herumgetrieben hat oder sogar ob man sich für etwas Falsches eingesetzt hat. Ich bin zum Beispiel vor drei Jahren zum ersten Mal nach 30 Jahren wieder nach Italien gefahren – zuerst zu Lesungen in Modena, Turin und Mailand, dann weiter an die ligurische Küste – und das nicht wegen Rapallo. Einen Moment lang habe ich mich gefragt, wie ich so verrückt sein konnte, 30 Jahre lang nicht in dieses atemberaubend schöne Land zu reisen, mit diesen Städten, diesem guten Essen, mit diesem wunderbaren Service, mit dieser Freundlichkeit? Wie konnte ich mich stattdessen immer wieder von irgendwelchen Grenzbeamten oder in einem sowjetischen Hotel anschnauzen lassen? Immer dieses Schlangestehen – für ein Visum oder für Milch. Meine Tochter ist ja die ersten Jahre in Russland aufgewachsen, und ich bin jeden Morgen um 5 Uhr zum Milchladen gelaufen, um mich anzustellen und frische

Milch zu holen. Was hat mich dazu getrieben? Warum habe ich das gemacht? Warum beschäftige ich mich mit all dem Unglück, das über Osteuropa und Russland gekommen ist, warum mit all den Katastrophen, der Hungersnot und dem »Großen Terror« Stalins, warum nicht mit Florenz und Pisa?

Diese Frage stellt sich irgendwann zwangsläufig, besonders dann, wenn mit einem Mal die ganze Lebensarbeit in Stücken vor einem zu liegen scheint. Warum macht man etwas oder hat etwas gemacht?

Man tat es ja nicht, weil man ein Opfer bringen wollte, sondern weil man dabei eine ganze Welt entdeckt hat. In Italien hätte ich vermutlich auch viel gelernt, aber Russland und Osteuropa haben mir eine andere Welt eröffnet. Man wird mit Menschen, mit Schicksalen, mit Geschichten konfrontiert, die sehr ungewöhnlich sind, anders als Geschichten, die wir aus dem Westen kennen. Meine Hauptbeschäftigung, wenn ich dort bin, ist immer, den Menschen und ihren Erzählungen zuzuhören. Diese unendlich verwickelten und oft tragischen Lebensgeschichten, die in unseren Kopf, der angefüllt ist von den Bildern der Nachkriegs- und Friedenszeit, kaum hineingehen.

Aber was ist es, was man weitergeben kann? Ich glaube, es ist eine sonderbare Form der Verantwortung. Es gibt so viele Menschen, die nicht wissen, nicht verstehen, was in Russland passiert ist. Insofern muss man ganz simpel Wissen weitergeben. Manchmal komme ich mir dabei allerdings auch etwas komisch vor.

Ich bin ja nicht mehr an der Universität, aber wenn ich Studenten von meinen Erfahrungen berichtete, beispielsweise von meiner ersten Reise 1965 in die Tschechoslowakei oder von dem Katz-und-Maus-Spiel zwischen Moskauer Dissidenten und KGB, dann komme ich mir fast vor wie Homer oder wenigstens wie ein Veteran aus dem 20. Jahrhundert. Ich will damit sagen, dass man sich plötzlich der Vergänglichkeit der eigenen Erfahrung bewusst wird. Das heißt nicht, dass nichts bleibt – so hoffe ich jedenfalls. Man hat mit seiner Arbeit ja eine Welt erschlossen: Sankt Petersburg als Zentrum der europäischen Moderne, Moskau 1937 als Schauplatz eines schier unbegreiflichen Terrors, das Wunder Nishni Nowgorods als Symbol für die Wiederkehr der russischen Städte – an dieser Erschließung einer faszinierenden Welt können auch die Zündeleien Putins nichts ändern. Nun ist noch etwas anderes für mich auf die Tagesordnung gesetzt: die Entdeckung der Ukraine, von der wir in Deutschland kaum etwas wissen. Dabei ist ganz wichtig, dass man immer in das Land fährt und sich selber vor Ort einen Eindruck verschafft. Das bringt jeden auf neue Gedanken.

Wenn ich zum Beispiel noch einmal ein (neues) Moskau-Buch schreiben sollte, dann würde ich mich bemühen, zunächst einmal alles zu vergessen. Ich stelle mir das so vor, dass ich mit einem Fallschirm über der Stadt abspringe, um sie noch einmal mit möglichst frischen Sinnen wahrzunehmen. Sie müsste wie ein weißes Blatt sein und nichts oder nur bedingt etwas mit der Stadt zu tun haben, die ich durch Lektüren und vergangene Reisen schon im Kopf habe. Aber man hat nicht mehrere Leben, man hat nur das eine, und man muss jetzt das machen, was man kann. Es ist die Sache einer neuen Generation, aufzubrechen, die Augen und Ohren weit aufzumachen und sich selber ein Bild zu machen.

IRINA SCHERBAKOWA: In den 1960er- bis 1980er-Jahren der Sowjetzeit war die alternative Kultur Hort des intellektuellen Widerstandes und auch Quelle, aus der man Informationen und historische Kenntnisse, wie z. B. über den Terror und den Zweiten Weltkrieg, schöpfte. Vor allem die Literatur spielte dabei eine wichtige Rolle und gewann an Bedeutung. In den 25 Jahren, die seit der Perestroika vergangen sind, hat sich vieles verändert. Vor allem haben Bücher, Filme und die bildende Kunst ihre damalige enorme Bedeutung verloren. Dafür feiert die Massenkultur Siegeszüge – mit ganz anderen Aufgaben und Zielen. Ich glaube nicht daran, dass die alte Zeit zurückkommen wird, aber daran, dass die alternative Kultur mehr und mehr zum letzten Hüter der Meinungsfreiheit wird, dass sich immer mehr Menschen für sie interessieren. Das äußert sich vor allem in Aktivitäten der jungen Kunstszene, die ihren Protest auf die Straßen bringt, sowohl in eher spektakulären Einzelaktionen – wie das Protestlied der Punkgruppe »Pussy Riot« gegen Putin in der Moskauer Erlöserkathedrale – als auch durch unzählige Bilder, Texte und Performances, auf Demonstrationen und Kundgebungen der Occupy-Bewegung in den Jahren 2011 und 2012.

Im Vergleich zu sowjetischen Zeiten werden heute in Russland weniger Bücher gelesen, aber es gibt sie noch, die Schriftsteller, die kulturellen und intellektuellen Widerstand leisten, wie z. B. Ljudmila Ulitzkaja und Wladimir Sorokin. So hat das Werk »Der Zuckerkreml« von Sorokin in letzter Zeit an Bedeutung gewonnen, weil seine Anti-Utopien Züge und Trends der heutigen Zeit widerspiegeln.

Natürlich ist auch das Theater in Russland heute keineswegs ein Ort für die Masse, aber vor allem kleine, alternative Theater, wie »Theater.doc« in Moskau, setzen sich mit Aufführungen wie »Berlusputin« oder »Bolotnaja-Fall« und vielen anderen sehr kritisch mit den Zuständen im heutigen Russland auseinander. Aber auch in anderen Theatern Moskaus suchen die Regisseure in den historischen Stücken Antworten auf das, was heute passiert. Allein die Wahl der Stücke – »Boris Godunow«, »Nürnberg«, »Mephisto« und »Die Dreigroschenoper« – macht deutlich, dass die Künstler sich mit den Ursachen und Folgen totalitärer Macht beschäftigen. Im Falle des »Mephisto« ist die Frage nach dem Verhältnis des Künstlers zur Politik besonders aktuell. Dasselbe kann man an einigen kritischen Filmen erkennen, wie z. B. »Leviathan« von Andrei Swjaginzew aus dem Jahr 2014. Er handelt von der Hilflosigkeit des kleinen Mannes angesichts einer zynischen und korrupten Macht und hat eine große Debatte ausgelöst.

Damit nimmt aber leider auch der Druck auf diese kritischen Künstler zu. Dieser Druck zeigt sich in Prozessen und harten Urteilen und Strafen, in Verboten oder dem Entzug von Unterstützung und Finanzierung. Diesen Druck üben nicht nur Politik und Bürokratie aus, sondern auch religiöse Fundamentalisten, hauptsächlich russisch-orthodoxe, aber auch islamische. Zahlreiche islamische Fundamentalisten in Russland haben sehr verständnisvoll auf die Anschläge auf das französische Satiremagazin »Charlie Hebdo« reagiert.

Zu den wichtigsten Erfahrungen und Lehren meines Lebens gehört der Fall der Berliner Mauer. Ich habe dieses Ereignis als ein großes Wunder begriffen, als eine große Befreiung für meine Generation. Es ist eine sehr wichtige Erfahrung, dass – auch wenn eine Diktatur den Eindruck erweckt, sie existiere ewig – Menschen die Verhältnisse ändern können und Mauern fallen. Das haben wir in der DDR 1989 erlebt und auch in Russland, wo Hunderttausende auf die Straßen gegangen sind. Vielleicht kann man nachfolgenden Generationen versuchen zu vermitteln, dass ein solch großer Umbruch zu jedermanns Lebzeiten geschehen kann. Und obwohl jetzt in Russland gerade ein staatlich organisierter Bruch zwischen den sozialen Schichten stattfindet und man sich buchstäblich vom humanistischen Erbe der russischen Kultur lossagt, beobachte ich trotzdem, dass in den letzten Monaten nicht nur die Fronten klarer geworden sind, sondern dass plötzlich wieder viele Menschen, auch einige Künstler, die soziale Verantwortung der Kultur sehr stark wahrnehmen. Das sehen wir in den Filmen, die in der letzten Zeit entstehen. Das beobachten wir auch in der zeitgenössischen Literatur und Poesie. Meiner Meinung nach entstehen gerade jetzt positive Bemühungen, die sich der staatlich verordneten Kultur widersetzen. Und das geschieht in der Bildung und in der Wissenschaft auch. Das stimmt mich optimistisch.

KARL SCHLÖGEL: Es fehlt nicht an »Menschen guten Willens«. Es gibt sie überall, Deutschland ist reich an Ideen, an engagierten und auch wohlhabenden Menschen. Man findet sie in allen Bereichen des gesellschaftlichen Lebens, in Schulen, Schützen- und Feuerwehrvereinen, unter Stadtplanern, Hochschullehrern, in Banken, Autofirmen, Logistikunternehmen, in der Tourismusbranche, auf der Ebene der Kirchen, in der Schwulen- und Lesbenszene, in der Museums- und Galeristenszene – man könnte das seitenlang fortführen. Es bedarf dazu keiner gesonderten Foren und Baustellen, sondern einfach der Herstellung freier, ungehinderter Kommunikation. Die Gewährung von Visumsfreiheit ist eher ein kleines Problem – schon jetzt ist der Erhalt eines Visums für Russen (mit dem sie sich im ganzen Schengenraum bewegen können) de facto kein Problem. Die Themen, die zu besprechen sind, liegen auf der Hand, es sind dieselben Themen wie in jedem anderen Land der Welt: Wie sollen wir unser Leben einrichten, damit wir endlich ein halbwegs normales

Leben führen können? Das muss man auch niemandem erklären, das wissen die Menschen selber. Es gibt eigentlich nur ein Problem: eine Regierung, die Krieg führt und unfähig ist, die großen Potenziale dieses riesigen Landes ins Spiel zu bringen, und die kein Interesse daran hat, dass die Menschen sich ungehindert und frei austauschen und entfalten können. Das wird so lange der Fall sein, wie diese Regierung an ihrem jetzigen Kurs festhält. Sobald sich das ändert, werden die Springquellen von Ideen, Engagement und Zusammenarbeit nur so sprudeln – wie von selbst. Solange das nicht der Fall ist, müssen wir auf die Arbeit des alten Maulwurfs setzen, von dem schon Marx gesprochen hat.

Ausgewählte Literatur

Landau, Julia / Scherbakowa, Irina (Hrsg.): *Gulag.* Texte und Dokumente 1929 bis 1956. Göttingen: Wallstein 2014

Scherbakowa, Irina / Knigge, Volkhard (Hrsg.): *Gulag.* Spuren und Zeugnisse 1929–1956. Göttingen: Wallstein 2012

Scherbakowa, Irina: *Zerrissene Erinnerung.* Der Umgang mit Stalinismus und Zweitem Weltkrieg im heutigen Russland. Göttingen: Wallstein 2010

Scherbakowa, Irina (Hrsg.): *Unruhige Zeiten.* Lebensgeschichten aus Russland und Deutschland. Hamburg: edition Körber-Stiftung 2006

Scherbakowa, Irina (Hrsg.): *Russlands Gedächtnis.* Jugendliche entdecken vergessene Lebensgeschichten. Hamburg: edition Körber-Stiftung 2003

Scherbakowa, Irina: *Nur ein Wunder konnte uns retten.* Leben und Überleben unter Stalins Terror. Frankfurt am Main / New York: Campus 2000

Scherbakowa, Irina/Scholl, Susanne: *Moskauer Küchengespräche*. Graz/Wien/Köln: Styria Verlag 1997

Schlögel, Karl: *Entscheidung in Kiew*. Ukrainische Lektionen. München: Hanser 2015

Schlögel, Karl: *Moskau lesen*. Erweiterte Neuauflage. München: Hanser 2011 (Erstausgabe 1984, russ. Übersetzung)

Schlögel, Karl: *Terror und Traum*. Moskau 1937. München: Hanser 2008 (russ., engl. u.a. Übersetzungen)

Schlögel, Karl: *Das russische Berlin*. Ostbahnhof Europas. München: Siedler 2007 (Erstausgabe 1988, russ., franz. Übersetzung)

Schlögel, Karl: *Petersburg*. Das Laboratorium der Moderne 1909–1921. München: Hanser 2002 (Erstausgabe 1988)

Schlögel, Karl: *Die Mitte liegt ostwärts*. Europa im Übergang. München: Hanser 2002

Schlögel, Karl: *Das Wunder von Nishnij oder die Rückkehr der Städte*. Berichte und Essays (Die andere Bibliothek). Frankfurt am Main: Eichborn 1991

Schlögel, Karl: *Literatur der Dissidenz als Ansatz einer Theoriebildung zur sowjetischen Gesellschaft*. Ein Diskussionsbeitrag. Berichte des BIOst 1982/31

CPI
Mehr Bäume.
Weniger CO_2.
www.cpibooks.de/klimaneutral

FSC
www.fsc.org
MIX
Papier | Fördert
gute Waldnutzung
FSC® C083411